普賢歌 1集

꿈속에 피는 연꽃

行深堂

머리말

화엄경 제일게
약인욕요지 삼세일체불 응관법계성 일체유심조
若人欲了知 三世一切佛 應觀法界性 一切唯心造

만약 어떤 사람이
삼세(三世) 일체(一切) 부처님을 알고자 한다면,
마땅히 법계(法界)의 성품을 관(觀)하라.
모든 것은 마음이 만드는 것이다.

파지옥진언(破地獄眞言)
나무 아다 시지남 삼먁삼못다 구치남
옴 아자나 바바시 지리지리 훔(3번)

일체유심조(一切唯心造)하면 비불자들도
모르는 이가 드물 만큼 누구나 많이 알고 있습니다.
마음이 모든 것을 만든다는 말씀입니다.
지옥도 내 마음으로 만든 것이어서
일체유심조(一切唯心造)의 이치를 안다면
한순간에 타파합니다.

내 마음이 모든 것을 만드는 요술방망이와 같아
무엇이든 만들지 못하는 것이 없습니다.
지금의 나로부터 부처까지 만들지 못하는 것이
없다는 말씀입니다.
단지 내 마음대로 만드는 지혜 여부에 있습니다.

이 일체유심조(一切唯心造)의 마음[심(心)]을
깨닫는다면 누구나 부처입니다.
마음공부는 세상 지식으로는 배울 수 없습니다.
부처 마음을 가르치는 학문은 없습니다.
오직 불교에서만 부처님 가르침으로 존재합니다.
부처님께서 누구나 다 이 부처의 성품을 지니고
있다고 말씀하셨습니다.

부처님 지혜[마음]로는
무엇도 만들지 못하는 것이 없습니다.
부처를 이루는 일이
중생의 일체고액을 벗어나는 일입니다.

중생의 모든 괴로움은 다 스스로 자기 마음으로
만든 것이기에 누구나 부처님 가르침으로
곧바로 부처를 이루지는 못한다 하여도
스스로 지금의 괴로움에서 벗어나
원하는 행복의 정토로 건너갈 수 있습니다.

이 책은 그동안 법회에서 주고 받았던 내용들을
정리하여 인연 있는 불자들이 조금이라도
세상살이에 도움이 되었으면 하는 마음으로
"꿈속에 피는 연꽃"이라는 제목으로 출간하게
되었습니다.

조금은 말에 조리가 없고 억지스럽더라도 그 뜻을
살펴 도움이 되는 대로 읽어 주시기를 바랍니다.

하나의 문장에서라도 그 속뜻을 꿰뚫어 보시고
도움이 되는 것 한 가지라도 얻으시어 무엇인가
달라지는 것이 있다면 감사의 말씀을 드립니다.

설명도 부족하고 때로는 중언부언하고 뜻을 전하러
만든 조어들도 있기에
만약 이 글이 도움이 안 되고 오히려
분별심을 일으켜 마음을 산란케 한다면
저의 잘못이오니 이 책을 버리심이 옳습니다.

일체유심조(一切唯心造)
무법이불조(無法而不造)
모든 것은 마음이 만들고 만들지 못하는 것이 없다.

지금 내 인생의 모든 것을 다 내 마음으로 만들어
내가 겪고 내가 누리고 살아가고 있습니다.
정말로 다 내가 내 마음으로 만들었을까요?
답은 분명하게 내가 다 만들었다.입니다.
내가 만들었다면 그건 너무나도 다행한 일입니다.
이제부터 이 마음 쓰는 법을 배운다면,
내가 원하는 것을
얼마든지 만들 수 있기 때문입니다.

일마다 마음이 먼저 가고
일에는 마음이 가장 중요하며
마음으로 모든 현실이 이루어집니다.
문제는 마음을 쓰는 것이 쉽지가 않다는 것입니다.

내마음은 내마음이기에 내가 내마음을 내마음대로
쓰기는 쉬워도 그 결과가 잘못되었을 때는
그 마음을 받아들이기가 어렵습니다.

결과에는 반드시 원인이 있습니다.
나에게 잘못된 결과가 나왔다면 무엇인가
그 원인 제공도 내가 한 것입니다.

부처님께서는 "착한 일을 한 사람은 이생과 내생에서
기뻐한다. 이생에서 '착한 일을 했구나'하고
기뻐하며 내생에서 좋은 곳으로 가고 그 기쁨은
더욱 커진다."고 설법하셨습니다.

마음 쓰는 법이 인과법입니다.
자작자수(自作自受), 자업자득(自業自得)
내가 짓는 대로 받는다. 는 법입니다.
즉 콩 심은 데 콩 나듯 내가 원하는 것을
심어야 원하는 것을 얻는다는 간단한 법입니다.
먼저 심는 것이 있어야 거둘 것도 있다는 말입니다.
먼저 받으려 하기 전에 먼저 주는 일이 앞서야
내가 원하는 것을 얻는 지혜입니다.

이 책을 읽으시는 모든 이들이 바른 지혜와 편안을
얻고 생사 간의 그 어떤 것에서도 집착을 떠나
부처님의 위신력으로 건강과 행복한 삶을 누리시기를
기원드립니다.

차 례

1. 불교(佛敎) ········· 11

1) 일대사인연(一大事因緣) ········· 14
  (1) 일대사인연 ········· 14
  (2) 개시오입(開示悟入) ········· 14

2) 칠불통게(七佛通偈) ········· 16

3) 제악막작 중선봉행 ········· 17

4) 기도(祈禱) ········· 19
  (1) 중선봉행(衆善奉行) ········· 21
  (2) 탄생게(誕生偈) ········· 26
  (3) 이고득락(離苦得樂) ········· 28
  (4) 지혜(智慧) ········· 31

5) 마음공부 ········· 36
  (1) 바라밀다 ········· 42
  (2) 보조제세간(普造諸世間) ········· 43
  (3) 인과법칙 ········· 50
  (4) 사고팔고(四苦八苦) ········· 70
  (5) 고가 본전 ········· 75

    (6) 응관법계성(應觀法界性) ············ 79
    (7) 이뭣고 ······························ 83
    (8) 심여공화사(心如工畵師) ············ 99
    (9) 인과법이 창조법 ················ 104

2. 마음 ·································· 133

  1) 마음 그대로 부처 ················ 135
  2) 중생성(衆生性); 오온(五蘊) ········ 147
  3) 내 마음은 내가 낸다[생(生)] ······ 149
  4) 마음이 모든 것을 만든다 ········ 177
  5) 염불 ······························ 194
  6) 마음은 생명(生明)에너지 ·········· 203
  7) 과를 인으로 삼는다 ·············· 219
  8) 인과동시(因果同時) ················ 228
  9) 나는 너를, 너는 나를 창조한다 248
  10) 내 마음 현실화(現實化) ·········· 276
  11) 사종염불(四種念佛) ················ 283
    (1) 칭명염불(稱名念佛) ············ 284
    (2) 관상염불(觀像念佛) ············ 290
    (3) 관상염불(觀想念佛) ············ 291
    (4) 실상염불(實相念佛) ············ 292
  12) 감사합니다 ······················ 295

1. 불교(佛敎)

1. 불교(佛敎)

불교(佛敎: Buddhism)는
기원전 6세기경 인도의 고타마 싯다르타에 의해
창시된 인도 계통의 종교(宗敎)입니다.
고타마 싯다르타는 석가모니 부처님의 본명입니다.
고타마가 성씨이며 싯다르타가 이름입니다.
석가모니는 산스크리트어 '샤카무니'를 음역한 것으로
샤카족(석가)의 성자(聖者)라는 뜻입니다.

불교(佛敎)가 처음 전래된 것은
372년 고구려 소수림왕 2년에 전래되었습니다.
불교(佛敎)는 부처님의 가르침을 믿고 따르며 수행하는
종교입니다.

부처님의 10대 제자
지혜(智慧)제일 사리자(舍利子)   - 사리푸트라
신통(神通)제일 목련존자(目連尊者) - 목갈라나
두타(頭陀)제일 마하가섭(摩訶迦葉) - 마하카샤파
천안(天眼)제일 아나율(阿那律)   - 아누룻다
해공(解空)제일 수보리(須菩提)   - 수부티
설법(說法)제일 부루나(富樓那)   - 푸르나
논의(論議)제일 가전연(迦旃延)   - 카트야나
지계(持戒)제일 우바리(優婆離)   - 우팔리
밀행(密行)제일 라후라(羅睺羅)   - 라훌라
다문(多聞)제일 아난(阿難)   - 아난다

1) 일대사인연(一大事因緣)

　　(1) 일대사인연

일대사인연(一大事因緣)이란 말은
부처님께서
이 세상에 오신 중요한 인연(因緣)을 말합니다.
법화경(法華經)에
"사리불이여, 모든 부처님은 오직
　일대사인연(一大事因緣)으로
　이 세상에 출현하시느니라.
　사리불이여, 무엇을 모든 부처님께서
　오직 일대사인연으로 이 세상에 출현하신다, 고
　하는가?"

　　(2) 개시오입(開示悟入)

개시오입(開示悟入)은 석가모니 부처님께서
이 세상에 출현하신 근본적인 목적 4가지를 말하며,
중생들을 깨우침의 길로 인도하는 의미(意味)를 지니고
있습니다.

개시오입을 살펴보면 다음과 같습니다.

중생들로 하여금 부처의 지혜(佛知見)를 열어주어
　청정함을 얻게 하시려고 세상에 출현하시며 [개(開)]
중생들로 하여금 부처의 지혜(佛知見)를 보이시려고

세상에 출현하시며 [시(示)]
중생들로 하여금 부처의 지혜(佛知見)를 깨닫게
하시려고 세상에 출현하시며 [오(悟)]
중생들로 하여금 부처의 지혜(佛知見) 길에 들게
하시려고 세상에 출현하신다. [입(入)]

개시오입 불지지견(開示悟入 佛之知見)
본래 중생의 마음속에 있는 부처를 깨닫게 하고자
이 세상에 오셨습니다.

부처님 가르침을 따라서
나와 내 것과 이 세상에 대하여 중생지견(衆生知見)으로
보지 말고,
모든 것을 불지견(佛知見)으로 보고 살아야
부처님 마음을 깨닫게 됩니다.

중생지견이란
지금 내가 보고, 듣고, 느끼고, 생각하고, 분별하는
모든 행위들을 이야기합니다.

불지견(佛知見)이란
누구나 본래 부처임을 확신하고
스스로의 불성(佛性)을 드러내고자 하는 것입니다.

화엄경(華嚴經)에
"일체중생이 여래의 지혜와 덕성을
 모두 다 갖추고 있구나."라고 하였습니다.

누구나 그대로 부처의 성품인 불성(佛性)을
본래부터 지니고 태어났습니다.
여래의 지혜(智慧)와 덕성(德性)이
부처님의 깨달음, 그 마음자리입니다.

부처님의 마음자리를 깨달으면 모든 이가 부처입니다.

2) 칠불통게(七佛通偈)

과거 일곱 부처님들의 공통적인 가르침으로
이것을 칠불통게(七佛通偈)
또는 칠불통계(七佛通戒)라고도 말합니다.

칠불통게(七佛通偈)는

제악막작 중선봉행(諸惡莫作 衆善奉行)
자정기의 시제불교(自淨其意 是諸佛敎)

모든 악을 짓지 말고,
모든 선을 받들어 행하라.

스스로 마음을 깨끗이 하는 것이
모든 부처님의 가르침이니라.입니다.

마음을 깨끗이 하는 것이 역대 부처님들의
한결같은 가르침입니다.

모든 불자들은 이 가르침을 깊이 새겨
마음의 거울로 삼아 자기 마음을 비추어보고
마음의 더러움을 털어냅니다.

자기가 자기를 보려는 마음이 마음거울입니다.

마음이 무겁고, 어둡고, 흐려져 더러운 것이
악(惡)을 지음입니다.
아주 작은 악(惡)이라도 부처님 가르침에서 멀어집니다.

마음이 가볍고, 밝고, 맑아 깨끗한 것이
선(善)을 지음입니다.
아주 작은 선(善)이라도 부처님 가르침이 깨달아집니다.

부처님 가르침은
부처님께서 우주-법계(法界)의 모든 진리
[연기법(緣起法)]를 직접 깨달으신 뒤
중생(衆生)들에게
그 진리(眞理)를 가르치신 말씀입니다.

3) 제악막작 중선봉행

제악막작 중선봉행(諸惡莫作 衆善奉行)

모든 악(惡)을 짓지 말고,
모든 선(善)을 받들어 행하라.

참으로 간단명료(簡單明瞭)해서
세 살 먹은 아이라도 쉽게 알아들을 수 있는
내용입니다.

그러나 아무리 쉬운 것도, 아는 것도,
아는 것을 행(行)하는 데에는 마음 닦음이 없다면
아는 것을 꺼내 쓰기가 쉽지 않습니다.

불교(佛敎)를 믿는다. 함은
돌이나 나무·쇠로 만들어진
형상(形像)의 부처를 믿는 것이 아니라,
부처님의 가르침을 믿고 행(行)한다는 말입니다.

제악막작 중선봉행(諸惡莫作 衆善奉行)

"모든 악을 짓지 말고,
 모든 선을 받들어 행하라."

이 말씀을 믿음[행(行)]으로부터
불교 신앙(信仰)이 시작됩니다.
아는 것을 알기만 하고
행함이 없는 것은 신앙이 아니고,
그것은 배우면 누구나 알 수 있는 지식입니다.

불교 신앙의 시작은 중선봉행(衆善奉行),
즉 선(善)을 받들어 행(行)하는 일부터 시작됩니다.
신앙(信仰)생활은 부처님의 가르침을 믿고 받들어
행하며 살아가는 실질적인 행위입니다.

아는 것을 믿고, 그 뜻을 알고, 받아 지녀
행(行)할 때, 현실로 그 증거가 나타나
누구나 그 지혜(智慧)를 증득(證得)하게 됩니다.

아는 것을 믿는 마음이 있다면
내가 실생활에서 쓸 수 있는 신력(信力; 믿는 힘)이
생겨나 온갖 잘못된 견해를 물리치게 됩니다.
나의 믿음의 행(行)으로
부처님의 위신력(威神力)이 생겨납니다.

부처님의 가르침을 행함으로써
부처님께서 지니신 헤아릴 수 없는 영묘하고도
불가사의한 힘이 나를 통해 나타나게 됩니다.
그 힘은 기도를 통해서 나타나게 됩니다.

4) 기도(祈禱)

부처님의 자비(慈悲)와
지혜(智慧)의 가호(加護)와 가피(加被)는
기도와 수행으로 받게 됩니다.

기도가 무엇일까요?
기도는 인간의 능력으로는 도저히 안 되는 일을
부처님·보살님·신중님들의 지혜와
그 위신력을 청하여
나의 고난과 고통을 기적처럼 해결하는
실질적인 행위입니다.

기적이란, 나의 기도를 통하여
도저히 안 되는 나의 일이
불보살신중님에 의하여 이루어졌다고 믿어지는
불가사의한 일을 말합니다.

기도는,
기도를 통하여 나의 원을 성취하는 방법입니다.
기도가 없으면 천지사방에 가득한 부처님의 위신력을
나에게 끌어오지 못합니다.

부처님께 올리는 기도는
세상사(世上事) 중생의 온갖 지혜와 인정(人情)으로는
도저히 안 되는 일을 성취(成就)하기 위하여
부처님의 자비와 지혜를 청(請)하는 일입니다.
나의 기도로 부처님의 지혜와 소통합니다.

궁극적으로 기도성취의 증거(證據)가
제악막작 중선봉행(諸惡莫作 衆善奉行)입니다.

제악막작 중선봉행(諸惡莫作 衆善奉行)으로
내 마음이 깨끗해지면
내 안에서 부처님의 지혜가 나와서
'중생(衆生) 지혜로는 안 되는 일이 성취(成就)됨'
입니다.

부처님의 지혜는
모든 일에서 악을 짓지 아니하고 선(善)을 행함입니다.

제악막작 중선봉행(諸惡莫作 衆善奉行)
"모든 악(惡)을 짓지 말고,
 모든 선(善)을 받들어 행(行)하라."

이 가르침은 쉬운 말이지만
만약 어떤 사람이 이 말씀을 믿고 행(行)하면 부처님의
지혜가 나오는 아주 중요한 의미(意味)가 있는
가르침입니다.

왜 제악막작 중선봉행이 부처가 되는 가르침일까요?

기도, 수행함으로써 얻어지는 자정기의(自淨其意),
스스로 그 마음을 깨끗이 하면
부처의 지혜가 나오기 때문입니다.

(1) 중선봉행(衆善奉行)

금강경(金剛經)에
『수일체선법(修一切善法)
 즉득(卽得) 아뇩다라삼먁삼보리(阿耨多羅三藐三菩提)』
『일체 선한 법(善法)을 닦으면
 곧 아뇩다라삼먁삼보리를 얻느니라.』하였습니다.

선한 법(善法)을 행하는 바로 그때
부처님의 지혜를 얻음이니
대상을 떠나서 조건 없는 선한 법(善法)을 행함이
곧 부처님의 지혜가 나오는 순간입니다.

선한 법(善法)을 행함이 곧
부처님의 지혜를 꺼내 쓰는 순간입니다.
부처님의 지혜를 쓰는 지혜는 선법(善法)입니다.
선법(善法)이 부처님의 지혜의 문을 여는 열쇠입니다.
부처님의 무형(無形)의 지혜는
선한 법(善法)과 동시에
선한 법(善法) 안에서 현실적으로 발현(發現)됩니다.

즉 중선봉행(衆善奉行; 조건없는 선행)하는 이는
누구나 부처님의 지혜를 쓰고 사는 사람입니다.

중생의 지혜로는 안 되는 어떠한 일도
부처님의 지혜로는 못 이룰 일이 없습니다.

부처님의 지혜는 선법(善法)을 행할 때 나옵니다.
선법(善法)은
선심(善心)으로 선(善)을 베풂[보시(布施)]입니다.

베풂(布施); 재시(財施), 법시(法施), 무외시(無畏施)

보시(布施)란 선(善)한 마음으로
다른 사람에게 아무런 조건 없이
널리 베푼다는 뜻으로 물질(物質)로 베푸는 재시(財施),
불법의 진리(眞理)를 깨닫게 가르쳐 주는 법시(法施),
그리고 어떤 두려움·괴로움·어려움의 힘든 고통(苦痛)과
고난(苦難)으로부터 구제해 주는 무외시(無畏施) 등으로
나누어집니다.

평소(平素)에
제악막작 중선봉행(諸惡莫作 衆善奉行)의 가르침으로
모든 불자(佛子)가 현실적인 신앙생활을 한다면,
항상 부처님의 지혜가
내가 지어가는 선업(善業) 속에서 드러나
모든 일들이 장애(障礙)가 없이
원만히 이루어질 것임에 틀림이 없습니다.

그런데 제악막작 중선봉행을 자꾸만 잃어버리고
부처님 가르침을 떠나서 살아가기에
고통과 고난의 괴로움이 반복하여 생겨납니다.

불교(佛敎)를 믿는 불자(佛子)님들은
항상 잠깐이라도 선(善)한 마음의 행(行)으로
인연(因緣) 중생들을 축복(祝福)하는
기도생활(祈禱生活)을 놓치지 말아야 합니다.

기도(신앙생활)하는 불자(佛子)님들은
악(惡)을 만나도 쉽게 막작(莫作),
즉 일어나는 악한 마음을
곧바로 알 수 있는 능력이 생기거나
악한 마음을 곧바로 없앨 수 있게 됩니다.

또한 세속인들보다는
많은 선(善)을 받들어 행하며 살아갑니다.
자기가 짓는 악업에서 깨어나는 일이
선(善)을 행(行)하는 근본입니다.

악을 짓지 않음이 선을 행할수 있는 준비상태입니다.
악을 짓지 않음이 고통(苦痛)과 고난(苦難)을 벗어나는
출발선(出發線)입니다.

중선봉행(衆善奉行)
선(善)은 받들어 행(行)함입니다.

선(善)을 평상시처럼
그냥 행(行)함이 아니라 받들어 행(行)함이
부처님 가르침(지혜)입니다.

부처님께서 가르쳐 주신 부처님 지혜가
나오는 지혜이기에
부처님을 모시듯 소중하게 받들어 써야 합니다.

힘들고 어렵더라도 선(善)을 받들어서 챙겨 행할 때
부처님 지혜(智慧)가 함께 하여
원(願)하는 바를 성취(成就)하게 됩니다.
선(善)은 원(願)하는 것을 이루는 지혜(智慧)의
생명(生明)에너지입니다.

배고플 때 밥을 먹는 것처럼,
원하는 것이 있을 때……
어렵고 힘든 일이나, 바라는 일이 있을 때
중선봉행(衆善奉行)함이
살아 숨쉬는 부처님 지혜가 나타나는
생명(生明)의 기도(祈禱)입니다.

돈이 있으면 누구라도 어려울 때
필요한 곳에 즉시즉시 쓰고 삽니다.

불자님들이 지니고 있는
불심(佛心)의 중선봉행(衆善奉行)의 선행능력을
필요할 때 즉시즉시 쓰고 사는 삶이
지혜로운 불자들이 누리는 행복을 창조하는 삶입니다.

평소에 선(善)을 행(行)하는 이는
선을 따로 챙겨 행할 일이 없습니다.
불교(佛敎)는 선법(善法)으로
마음을 깨끗이 하는 가르침입니다.

왜냐하면 마음이 깨끗할 때.....
즉 선(善)을 받들어 행할 때
부처님의 지혜가 나오기 때문입니다.
이것이 부처님의 가르침입니다.

이러한 가르침을 알아도 난관에 봉착하면
막상 선(善)을 행하기가 그렇게 쉽지만은 않습니다.
그러나 어렵고 힘든 곤경(困境)에 빠진 만큼
'부처님 지혜가 필요함' 입니다.

"선(善)을 받들어 행하라."는 이 가르침을
 나의 고통과 고난을 해결하는 지혜로 알아
 선심(善心)으로 선(善)을 행(行)하는데
 주저함이 없어야 합니다.

원공법계제중생   자타일시성불도
願共法界諸衆生   自他一時成佛道
원하옵건대 법계의 모든 중생 다 같이 성불하여이다.

  (2) 탄생게(誕生偈)

부처님께서 이 세상(世上)에 오신 날부터
불교(佛敎)가 시작됩니다.

천상천하 유아독존 삼계개고 아당안지
天上天下 唯我獨尊 三界皆苦 我當安之

하늘 위 하늘 아래
오직 나 홀로 존귀(尊貴)하도다.
삼계(三界)가 다 괴로움이니
내 마땅히 이를 편안케 하리라.

하늘 위, 하늘 아래. 즉,
삼계[三界; 욕계(慾界)·색계(色界)·무색계(無色界)]를
말합니다.

유아독존(唯我獨尊)
홀로 존귀한 나(我)는 누구일까요?

삼계(三界)에서 홀로 존귀(尊貴)한 나(我)는
어떤 분일까요?

첫 번째는 삼계개고(三界皆苦)
삼계(三界)가 다 괴로움인 줄 아시는 분이시고
두 번째는 아당안지(我當安之)
이 괴로움에 빠진 중생(衆生)들을 다 편안케 하시는
분입니다.

부처님께서는 모든 중생을
괴로움에서 편안으로 제도(濟度)하시는 분입니다.

"삼계가 다 괴로움이니
 내 마땅히 이를 편안케 하리라."

세상 어떤 성인(聖人)도
이와 같이 선언(宣言)하신 분은 없습니다.

천상천하 유아독존(天上天下 唯我獨尊)입니다.

부처님의 가르침은 한 마디로 이고득락
(離苦得樂; 괴로움에서 벗어나 즐거움을 누림)입니다.

삼계개고 아당안지(三界皆苦 我當安之)입니다.

크게는 생사고(生死苦)에서 벗어나는
열반락(涅槃樂)을 깨달음이요,
작게는 생사(生死)사이의 고통[苦痛; 병고(病苦)]과
고난[苦難; 운고(運苦)]에서 벗어나
복락(福樂)을 누림입니다.

부처님의 가르침은 부처님의 가르침을 따라
누구나 부처[유아독존(唯我獨尊)]임을 깨달아
스스로 부처가 될 것[중생제도(衆生濟度)]을 가르치며
스스로 생사 간의 괴로움에서 벗어나
궁극은 생사해탈[(生死解脫) 괴로움 없는 편안한 상태-
열반(涅槃)]에 이르게 합니다.

이고(離苦; 괴로움을 벗어남)는
제악막작(諸惡莫作; 일체 악을 없앰)으로
업장소멸(業障消滅)함이요,

득락(得樂; 즐거움을 얻음)은
중선봉행(衆善奉行; 많은 선을 받들어 행함)으로
소원성취(所願成就)함입니다.

(3) 이고득락(離苦得樂)

이고득락(離苦得樂);
괴로움에서 벗어나 즐거움을 누림.

병고운고(病苦運苦)의 고통과 고난에서 벗어나
건강(健康)하고 행복(幸福)하게
부처님의 품 안에서 부처님의 길 따라
부처를 이룹니다.
고(苦)를 건너 부처의 길로 나아갑니다.

이고득락(離苦得樂)은 어떻게 할까요?

불교(佛敎)는 마음의 종교(宗敎; 근본 가르침)입니다.
마음은 눈에 보이지 않아도
신구의 삼업(身口意 三業; 행동, 언어, 생각)을 통하여
드러납니다.

그러므로
신구의 삼업(三業)을 통하여 드러난 마음을 닦습니다.
마음을 닦음이 기도이고 수행입니다.

그러면 이고득락(離苦得樂)의 마음은 무엇일까요?

유아독존(唯我獨尊) 아당안지(我當安之)

유아독존(唯我獨尊)의 존귀(尊貴)한 마음입니다.

존귀(尊貴)한 마음이
아당안지(我當安之; 마땅히 내 이를 편안케 하리라.)
이고득락(離苦得樂)의 마음입니다.

스스로 존귀(尊貴)한 나(我)가 될 때
이고득락(離苦得樂)합니다.

내 마음이 스스로 존귀(尊貴)함이 이고득락(離苦得樂)의
마음입니다.
즉 존귀(尊貴)한 마음이
모든 괴로움[병고운고(病苦運苦)]에서 벗어나
원하는 것[복락(福樂)]을 이루는
최상(最上)의 마음 주체입니다.

존귀한 마음이 최고(最高; 가장 으뜸)의 마음입니다.

그러면 어떻게 해야 존귀(尊貴)한 마음이 생길까요?

존심(尊心); 부처님의 품격(중생제도)을 지키는 마음.
존(尊)의 의미는 '높다', '공경하다', '우러러보다'라는
뜻으로 공손히 바치는 뜻을 가진 글자입니다.
귀(貴)는 '귀하다'나 '(신분이)높다'라는 뜻을 가진
글자입니다.

즉 존귀(尊貴)의 의미는
인연 중생들을 부처님처럼 공손히 떠받듦이
나의 귀중한 것을 얻는 마음이라고 할 수 있습니다.

즉 존귀한 마음은 남을 공손히 귀(貴)하게
떠받들 때 생(生)기는 마음입니다.

자기 이외의 사람을 공손히 귀하게 떠받듦이
나의 이고득락(離苦得樂)의 지혜입니다.

남에게 선(善)을 받들어 행(行)함이
나를 존귀(尊貴)하게 만들어
존귀(尊貴)한 일들을 만나게 됩니다.

불자(佛子)들은
선법(善法)을 기도(祈禱)수행(修行)하는 이들입니다.
왜냐하면 선법으로 부처의 지혜가 나타나기
때문입니다.

존귀(尊貴)한 마음은
선행(善行) 속에 감춰진 부처의 지혜로
못 이룰 일이 없는 착한 마음입니다.

매사(每事)에 선행(善行)이
부처님의 지혜를 쓰고 사는 일입니다.

(4) 지혜(智慧)

지식(智識)은 누구나 배우고 익혀서
알 수 있으나 이를 다 기억(記憶)하기도,
쓰고 살기도 어렵습니다.
지혜(智慧)는 배워서 아는 것을
한 가지라도 바로 행(行)할 수 있는 마음입니다.

배워서 아는 것을 꺼내 쓸 수 있는 마음이
눈에 보이지 않는 지혜입니다.

부처님 지혜는
많은 것을 배우고 익히는 것이 아닙니다.

딱 한 가지를 배우고 익혀
그것을 바로 알고, 바로 쓰고 살아
원(願)하는 것을 만들어 내는
행위(行爲) 속에 있는 마음입니다.

딱 한 가지가 무엇일까요?

중선봉행(衆善奉行)
모든 선(善)을 받들어 행함입니다.

불자(佛子)는 어떠한 현실에서도
모든 선(善)을 받들어 행(行)할 수 있게 하는
마음 닦음이 귀중(貴重)하고 요긴(要緊)합니다.

왜 선(善)을 행하여야 할까요?

「수일체선법(修一切善法)
 즉득(卽得)
 아뇩다라삼먁삼보리(阿耨多羅三藐三菩提)」
『일체 선한 법(善法)을 닦으면
 곧 아뇩다라삼먁삼보리를 얻느니라.』

선법(善法)에서
부처님의 지혜(智慧)가 곧바로 나오는
부처님의 가르침이기 때문입니다.

선법(善法)을 행(行)함이
곧 아뇩보리(阿耨菩提)를 꺼내 쓰는 일입니다.

부처님의 가르침은 궁극적(窮極的)으로
일체(一切) 중생들을 성불(成佛)의 길로
인도(引導) 합니다.
불자의 길은 성불(成佛)의 길입니다.

불자(佛子)들은 왜 사는지를 아는 사람들입니다.

"왜 사나요?" "성불(成佛)하려고요."

성불(成佛)의 길이 무엇일까요?

성불(成佛)의 쉽고도 어려운 길이
매사에 선(善)을 행(行)하는 일입니다.

모든 중생의 고통(苦痛)과 고난(苦難)은
선(善)을 행(行)함으로써 벗어날 수 있습니다.
불자(佛子)는 중생계의 모든 고난과 고통을 여의고
성불(成佛)의 길로 나아가는 이들입니다.

성불(成佛)하는 수행(修行)이
제악막작(諸惡莫作) 중선봉행(衆善奉行)입니다.

"왜 사나요?" "성불하려고요."

성불(成佛)을 인생의 목적으로 살아가는 불자들은
인생의 고통(苦痛)과 고난(苦難)쯤은
부처님 가르침으로 거뜬히 해결할 수 있는
믿음을 가진 사람들입니다.

불자(佛子)들은 기본적으로 역대 부처님들의 가르침인
중선봉행(衆善奉行)을 잘 아는 사람들입니다.
이 가르침을 믿고 쓸 줄 아는 지혜(智慧)를 가진
사람들입니다.

불자(佛子)는 중선봉행(衆善奉行)하는 사람들입니다.

일체선법(一切善法)을 닦는 사람들입니다.
곧바로 부처지혜[아뇩보리(阿耨菩提)]를
꺼내 쓸 줄 아는 사람들입니다.

우리는 부처님을 믿는 불자입니다.
우리는 부처님 가르침을 따라서 삽니다.

그러면 선(善)을 언제 행하여야 할까요?
선(善)을 반드시 행(行)해야 할 때가 언제일까요?

돈은 필요할 때 쓰기 위해서 법니다.
번 돈을 필요할 때 쓰는 것처럼,
선(善)도 필요할 때 바로바로 꺼내서
쓰기 위해서 기도합니다.

기도(祈禱)는 선행(善行)을 위함입니다.

선(善)을 행함이
'선(善)을 닦는 수행(修行)임과 동시(同時)에
 부처님의 지혜로 이고득락(離苦得樂)함.'입니다.

모든 병고(病苦)의 고통(苦痛)과
운고(運苦)의 고난(苦難)으로부터 벗어나
건강하고 행복한 마음으로 만나는 이마다
신구의(身口意)로 선업을 지음입니다.

삶은 짓는 대로 걸어집니다.
선업이 좋은 결과(結果)를 가져옵니다.

선법(善法)을 행하는 이가
아뇩보리(대지혜)를 증득(證得)할 기회를 얻습니다.

'선(善)을 행(行)하라' 함은
착한 사람이 되라는 말뜻보다는
이고득락(離苦得樂)의 부처님의 지혜를 쓰라는
큰 뜻이 더 우선합니다.

'선(善)을 행(行)하라' 는 가르침은
누구나 쓰고 살 수 있는 지혜(智慧)입니다.
고(苦)를 없애고 락(樂)을 누리는
뛰어난 지혜(智慧)입니다.
악한 일을 만나 선업(善業)으로 대응(對應)함은
부처님의 지혜를 쓰는 지혜로운 일입니다.

'선(善)을 행(行)하라' 는 부처님 가르침인
지혜(智慧)를 요긴하게 쓸 때가 언제일까요?
언제 써야 할까요?

모든 악(惡)한 일을 만났을 때입니다.
모든 악(惡)한 일을 만났을 때
이 선심(善心)을 방패(防牌)삼고 무기(武器)삼아
악한 일을 없앨 때 씁니다.
이 선심(善心)을 받들어 챙겨 선(善)을 행(行)함이
모든 문제를 해결하는 지혜(智慧)입니다.

막상 악(惡)을 만나
선(善)을 행(行)하기가 쉽지 않기에....

돈이 필요할 때 돈을 꺼내쓰듯이,
목이 마를 때 물을 마시듯이,
배가 고플 때 밥을 먹듯이,
그렇게 필요한 경우에 즉각적(卽刻的)으로
쉽게 쓸 수 있도록 하는 마음 훈련(訓鍊) 즉,
마음공부가 필요(必要)합니다.

5) 마음공부

마음은 눈에 보이지 않아도
마음은 몸으로 즉시(卽時) 나타나기 때문에
마음을 몸으로 닦을 수 있습니다.

마음공부하는 이들은 아는 것을 몸으로... 행(行)으로
즉각적(卽刻的)으로 꺼내 쓸 수[실천(實踐)] 없다면
반드시 모른다고 해야만
아는 것을 즉시행(卽是行; 곧바로 행함)할 수 있는
지혜를 배우게 됩니다.

지혜(智慧)는 아는 것을 행하는
마음작용 원리(原理)와도 같습니다.

아무리 잘 알아도 아는 것을 쓰지 못함은
아는 것을 꺼내 쓰는 지혜(智慧)가 없기 때문입니다.
아직은 몸으로 충분히 익히지 못하였기 때문입니다.
마음도 몸을 단련하고 훈련하는 것처럼 한다면
마음을 마음대로 쓸 수 있게 됩니다.

불자라면 누구나 "왜 사나요?" 라고 물으면
"성불하려고요."를 바로 답할 수 있듯이
아는 것을 몸으로 꺼내는 재주를 터득(攄得)함이
마음공부, 즉 마음 깨달음,
불교(佛敎: 부처님 가르침; 마음 깨달음)입니다.

불교(佛敎)는 마음공부입니다.
오직 마음을 마음먹은 대로 쓸 줄 아는
'마음' 한 과목(科目)을 가르칩니다.

누구나 지니고 있는
'부처님 마음[불성(佛性)] 깨닫기'
한 과목(科目)입니다.

부처님 마음은
부처님의 지혜와 자비[덕성(德性)]입니다.

신해행증(信解行證),
부처님의 가르침을 믿고 이해(理解)하고 행(行)하여
스스로 깨닫게 되면
그때의 그 마음이 지혜(智慧)입니다.
눈에 보이는 세상은
눈에 보이지 않는 지혜(智慧)에 의하여
새롭게 변화할 수 있습니다.

눈에 보이지 않는 지혜와
눈에 보이는 현상이 서로 뗄 수 없는
상관관계(相關關係; 두 가지 가운데 한쪽이 변화하면

다른 한쪽도 따라서 변화하는 관계)에 있기에
눈에 보이는 행위로
눈에 보이지 않는 이 지혜(智慧)를 깨달음이
마음공부입니다.

마음이 가만히 있으면 아무 일도 없으나
마음은 멈추지 않고 무엇인가를 계속합니다.

사람마다 제각기 쓰고 사는 지혜(智慧)는
눈에 보이지 않아도 눈에 보이는
몸과 마음과 현상에 그 결과(結果)가 나타납니다.

원(願)하는 것을 이루는 마음(지혜) 닦음이
신구의(身口意) 삼업(三業)으로 행하는
마음공부(기도,수행)입니다.

부처님께서 말씀하셨습니다.
"공부해야 할 것을
 공부하는 것이기 때문에 공부라고 한다."

그러자 외도(外道) 시바가 다시 질문했습니다.

"만일 모든 번뇌가 이미 다 끊어졌고,
 할 일을 이미 마쳤으며,
 온갖 무거운 짐을 다 벗어 자기 자신이 이익을 얻고,
 모든 존재의 결박을 끊으며,
 바른 지혜로 잘 해탈하였으면,
 그때에는 또 무엇을 공부해야 합니까?"

부처님께서 말씀하셨습니다.

"그때는 탐욕[탐심(貪心)]을 밝게 알아
 남김없이 다 없애고,
 성냄[진심(嗔心)]과 어리석음[치심(癡心)]을 밝게 알아
 남김없이 다 없애야 한다.
 그리하여 다시는 온갖 악(惡)을 짓지 말고
 항상 온갖 선(善)을 행(行)해야 한다.
 이것을 일러 공부해야 할 것을 공부하는 것이라고
 한다."

궁극은 선심(善心)에서 보리심(菩提心)까지 입니다.
선심(善心)이 보리심(菩提心)을 발현(發現)합니다.
선심(善心)이 중생심(衆生心)을 항복(降伏) 받는
마음입니다.

선심(善心)이 중생의 고통과 고난을 해결합니다.
선심(善心)은 선(善)한 일을 행(行)할 때 생겨납니다.
어렵고 힘들고 괴로울 때 선행을 할 줄 아는 이가
참으로 선남자(善男子) 선여인(善女人)입니다.

선남자(善男子) 선여인(善女人)이
발보리심(發菩提心) 합니다.
착한 남자 착한 여인이 보리심(菩提心)을 내어
부처를 이룹니다.

보리심(菩提心)이 선심(善心; 사랑.베풂)입니다.

마음 착한 사람들이 궁극은
삶의 고해(苦海)를 헤치고 부처의 길로 나아갑니다.

마음은 눈에 보이지 않아도
신구의(身口意) 삼업(三業)을 통해서 드러나기에
마음(고통고난) 또한 신구의(身口意) 삼업(三業)을 통해서
닦을 수 있음을 먼저 알아야 합니다.

부처 지혜가 드러나는 깨끗한 마음[청정심(清淨心)]은
지계수복(持戒修福)으로 닦을 수 있습니다.

계를 지키고 복을 닦는 일입니다.
하지 말아야 할 말, 행동, 생각은 안 하고
해야 할 말, 행동, 생각만을 하는 일입니다.

내가 원하지 않는 말, 행동, 생각을
하지 않습니다.
내가 원하는 말, 행동, 생각만을 합니다.

누구나 좋은 것과 나쁜 것은 다 아는 사실입니다.
이를 아는 만큼 그 결과도 확실하게 알아야 합니다.

나쁜 일은 나쁜 신구의 삼업에서 옵니다.
좋은 일은 좋은 신구의 삼업에서 옵니다.

지금 내가 짓는 업이 좋은 것인지 나쁜 것인지
누구나 쉽게 압니다.
결과도 쉽게 안다면 쉽게 나쁜 업을 짓지 못합니다.

나쁜 마음(마이너스 마음; 부정적인 마음)은
나쁜 것을 담는 보따리입니다.
좋은 마음(플러스 마음; 긍정적인 마음)은
좋은 것을 담는 보따리입니다.

나쁜 말, 나쁜 행동, 나쁜 생각은
병고운고의 불운을 불러 불행을 자초합니다.
좋은 말, 좋은 행동, 좋은 생각은
건강행복의 행운을 불러 행복을 가져옵니다.

콩 심은 데 콩 나고, 팥 심은 데 팥 납니다.

지계수복자가
정심(淨心; 깨끗한 마음)을 생(生) 합니다.
정심(淨心)에서 부처 지혜가 드러나게 됩니다.

계를 지키고[제악막작(諸惡莫作)]
복을 닦는 이[중선봉행(衆善奉行)]가
스스로 그 마음을 맑혀[자정기의(自淨其意)]
모든 부처님의 가르침을 행하는[시제불교(是諸佛敎)]
사람입니다.

단 한가지 가르침 중선봉행(衆善奉行)입니다.

먼저 나의 신구의(身口意)로
업(業)을 짓는 업심(業心)을 맑게 닦음이
나의 부처님 지혜를 드러나게 하는 일입니다.

신정업(身淨業); 예배(禮拜), 사경(寫經), 사불(寫佛).
구정업(口淨業); 염불(念佛), 독경(讀經), 진언(眞言).
의정업(意淨業); 참선(參禪), 경행(經行), 관법(觀法).

기도가 고통과 고난을 물리치는 것은
기도로 생겨나는 깨끗한 마음 때문입니다.
깨끗한 마음그릇 안에 부처님의 지혜가 가득합니다.

부처님의 지혜를
아뇩다라삼먁삼보리(阿耨多羅三藐三菩提) 즉,
무상정변지(無上正遍智), 무상정등각(無上正等覺)이라
합니다.

아뇩다라삼먁삼보리(阿耨多羅三藐三菩提)
가장 올바른 최상의 깨달음 또는 최상의 지혜,
진리(眞理)라는 뜻입니다.

   (1) 바라밀다

반야심경(般若心經)에
『삼세의 모든 부처님들도 반야바라밀다에 의지하여
 아뇩다라삼먁삼보리를 얻느니라.』하였습니다.
「三世諸佛 依般若波羅蜜多 得阿耨多羅三藐三菩提.」

바라밀다(波羅蜜多)는 길을 가듯이
마음에 걸림 없이
마음으로 보이지 않는 길을 가는 마음 행위입니다.

선법(善法)을 행하는 기도수행으로
중생마음[고(苦)]에서 부처마음[락(樂)]으로
바라밀다(波羅密多) 합니다.

(2) 보조제세간(普造諸世間)

부처님은 어떤 분일까요?
부처님 지혜는 무엇일까요?
부처님의 지혜를 어떻게 깨달을까요?

화엄경 사구게(華嚴經 四句偈)

약인지심행 보조제세간 시인즉견불 요불진실성
若人知心行 普造諸世間 是人則見佛 了佛眞實性

만약 어떤 사람이
'마음이 모든 세간을 만들어 냄'을 안다면,
이 사람은 바로 부처님을 봄(깨달음)이니
부처님의 진실성(불성; 참된성품)을 아는 것이다.

만약 어떤 사람이
"마음이 모든 세간(世間)을 만들어 내는 줄" 안다면

즉 이러한 이치를 꿰뚫어 안다면
이 사람은 바로 부처님을 친견(親見)하여
부처님(佛)진실성(眞實性)을 아는 것이다. 라고
말씀하셨습니다.

마음이 모든 세간을 만들어내는 원리[진실성(眞實性)]를
부처라고 이름합니다.

심행(心行) 보조제세간(普造諸世間)
마음이 모든 세간(世間; 세상 모든 것; 우주-법계)을
만들어 낸다.

즉 부처님의 마음[지혜; 아뇩다라삼먁삼보리]은
모든 세간[법계(法界); 십법계(十法界)]을
만들어 내는 눈에 보이지 않는 지혜
[원리(原理)-불성(佛性)]입니다.

이 지혜(마음원리; 연기법)를 깨달은 이를
부처라 합니다.
마음에서 부처와 부처의 지혜가 나옵니다.

마음이 모든 것을 만들어 낸다.
∥
마음이 모든 것을 창조(創造)한다.

부처는 창조하는 무엇이 아니라
창조하는 지혜의 생명(生明)-원리를 말합니다.
"무엇이 창조하는 지혜의 생명일까요?"
"마음이 모든 것을 만들어 낸다." 입니다.
마음이 그러합니다.

내마음의 본성-진실성(眞實性)이 바로 그러합니다.
내마음이 내 인생 모든 것을 창조합니다.

내마음 밖에 다른 것은 없습니다.
내마음이 모든 것의 모든 것[원인(原因)] 입니다.

그러나 나의 지혜가 부족하여 내마음도
내마음에 들게 만들어 내지 못합니다.

모든 것을 만들어 내는 마음에 걸림없는 이러한 지혜,
즉 아뇩다라삼먁삼보리(阿耨多羅三藐三菩提)를
깨달으면 누구나 부처입니다.

이 불성(佛性)은
법계-모든 것의 근본(根本; 모든 것)입니다.
불성은 부처의 본성(本性; 마음)입니다.

모든 세간(世間)은
모든 세간을 만들어 내는 마음으로 생겨남입니다.

만들어 내는 마음 = 만들어 내는 지혜

마음작용은 지혜작용입니다.
마음이 작용하지 않으면 아무것도 없습니다.
일어나는 마음이 없으면 괴로움도 없습니다.
생명활동은 마음작용입니다.

내마음이 원인이 되어 모든 일이 벌어집니다.
모든 일은 내마음이 원인이 되어 시작이 됩니다.
결과(結果)를 보면
내마음이 무엇을 하였는지 알 수 있습니다.

마음 = 모든 세간(世間)을 만들어 냄. [지혜(智慧)]
마음이 꿈세상과 꿈속의 나를 만들 듯이
마음이 모든 것을 만들어 냅니다.

모든 세간(법계)을 만들어 내는 지혜작용

아뇩다라삼먁삼보리(阿耨多羅三藐三菩提)

마음이 모든 세간을 만들어 내는 원리-지혜를
앎(깨달음) = 부처(佛陀)라 부릅니다.

아뇩다라삼먁삼보리를 깨달음 = 진실성[참됨성품]
= 부처성품 = 부처마음[불성(佛性)]이라 합니다.

진실성(眞實性) = 법계(法界)의 모든 것을 만들어 내는
지혜(智慧)의 성품(性品; 법성)

즉 법계(法界; 우주)의 진리[眞理; 지혜]
아뇩다라삼먁삼보리(阿耨多羅三藐三菩提)를
깨달으신 분을 부처라 합니다.

법계성(法界性; 법계의 성품)이 부처입니다.
'모든 것을 만드는 마음'이 부처님의 진실한
성품입니다.

모든 것을 만드는 그 마음을 부처님이라 부릅니다.
'모든 것을 만드는 마음'을 의인화하여 부처님이라
부릅니다.

부처라는 이름은 '모든 것을 만드는 마음'의
대명사……
모든 것을 만들어 내는 그 마음, 그 진리를 이름하여
부처라 부릅니다.

만약 마음이 모든 세간을 만들어 내는 줄을 안다면
이 사람은 바로 부처님을 친견하는 것이고 부처님의
진실성을 아는 것이다. 하였습니다.
부처님이란 바로 마음이 모든 것을 만드는 진리를
의인화하여 부처님이라 부릅니다.

'마음이 모든 것을 만든다'는 그 마음을 깨달으면
누구나 다 부처님입니다.

한순간에 이 마음을……
부처님을 깨달을 수는 없다고 하여도……
그러나 궁극적으로 이러한 마음을 깨닫기 위하여
이 글을 읽고 계시는 불자님들은 부처님처럼 그와 같은
큰 지혜는 깨닫기 어렵다 해도
자기가 현실에서 이루어지기를 원하는 마음……
그러한 지혜 정도는…. 성취하는 방법을
이러한 마음공부를 통하여 점차 증득해 나갈 수 있고
또 반드시 그렇게 되시기를 기원드리겠습니다.

이 마음은 부처와 중생… 즉 나와 차별이 없다고
하셨습니다.
즉 이 마음을 똑같이 지니고 있다고 말씀하셨습니다.

心佛及衆生 是三無差別(심불급중생 시삼무차별)

'마음과 부처와 중생 이 셋은 차별이 없다' 하셨습니다.
이 마음을 부처님은 부처의 지혜로 쓰시기에
부처님입니다.
중생은 중생의 자기 나름대로의 업의 지혜로 쓰기에
중생입니다.

나도 법계의 일부입니다.
나의 마음도 궁극은 법계의 마음[법계성; 우주심]에
의해서 작용을 하고 있습니다.

먼저 무슨 일이든 내마음을 먼저 알아야 합니다.
내마음을 깨달으면
나도 내마음[조심(造心); 만드는 마음]으로
즉 나의 모든 것을 내마음에 들도록 만들 수 있습니다.

내 마음에 없는 것은 내 인생과 무관합니다.

내 마음에서 생겨나 내 마음으로 짓는 것이
내 인생의 고락을 결정(決定)합니다.
내 마음이 내 인생의 모든 것(행복, 불행)을
만듭니다. = 창조(創造)

만들어진 것은 영원하지가 않습니다.
반드시 변화(생멸작용)하게 되어 있습니다.
반드시 변화하기에 좋은 것입니다.

그리고 또 그 변화를 내가 내 마음으로 시키기에
좋은 것입니다.

지금 아무리 나쁜 것도 영원하지 않습니다.
이것이 싫으면 내가 내 마음으로 변화시킬 수가
있습니다.
내가 나쁜 일도 만들었음이니 내가 이를 바로잡아
곧바로 좋은 일로 만들기 시작하면 됩니다.
내 마음만 변화시키기 시작하면 됩니다.

왜냐하면 마음이 모든 것[세간-현실]을 만들었기에
마음이 다시 내가 원(願)하는 좋은 것을 만들어
내면 됩니다.

마음에서 좋은 마음[선심(善心)]을 내어
좋은 업[선업(善業)]을 지어가면
좋은 결과[선보(善報)]를 얻게 됩니다.

내 마음의 창조지혜(創造智慧; 만들어 내는 마음)로 나의
모든 것[인생(人生); 세상살이]을 만들어 냅니다.
내 인생 무엇하나 내 마음에서
창조(創造)하지 않는 것은 없습니다.

내 마음에서 무어라 하는 순간
그것은 그 무엇이라고 정(定)해집니다.
마음을 어떻게 쓰냐에 따라 그 마음상이
나만의 인생, 나만의 현실이 됩니다.

내 마음에서 만들어 낸 것들이
나의 세간(世間; 세상살이)을 만듭니다.

그러나 내 마음이 직접 만들어 낸 나의 세간살이도
내 마음에.... 내 마음에...
내가 마음에 안 들어 할 때도 많습니다.

그것은 내가 내 마음에 드는 세간(世間)을
만들어 내는 나의 창조지혜가
부족[무지(無知)]하기 때문입니다.

그래서 내가 내 마음에 드는 세간(世間)을
만들어 내는 창조지혜를 깨닫는 마음공부,
마음수행(修行)이 필요(必要)합니다.

그것은 '부처의 가르침을 배우고 익히고
실천(實踐)하는 일을 함.' [문사수(聞思修); 듣고
사유하여 그 뜻을 충분히 익혀 행함]입니다.

어떻게 인연을 지어야 내가 원하는 결과를 얻을까요?

(3) 인과법칙

내 마음이 하는 일이
내 마음에 안 드는 것이 고(苦; 괴로움)입니다.

탐애(貪愛)가 고(苦)의 근본입니다.
탐애(貪愛)가 모든 고(苦)의 원인입니다.

탐애(貪愛)의 마음은 내가 가지고 누리기 위하여
남의 것을 탐(貪)하고 자기 것은 아끼는 마음입니다.
즉 '내 것은 주지 않고 남의 것을 가지려 함'입니다.

씨를 먼저 뿌려야 거둘 것도 생겨납니다.
먼저 주어야 받게 됨이 간단한 인과법입니다.
그런데 먼저 받고 먼저 가지려 합니다.

'남이 먼저 줘야 내가 준다'가 아니라
'내가 먼저 줘야 내가 받게 된다'는
간단한 이치(理致)가 인과법(因果法)입니다.

인과법(因果法)이란
모든 일은 반드시 원인(原因)이 있으며
원인(原因) 없이는 어떠한 결과(일; 현상)도
일어나지 않는 법칙입니다.

지금 일어나고 있는 모든 일들은
지나간 과거에 지었던
모든 나의 업(業)들이 원인(原因)이 되어
그 결과(結果)의 과보(果報)로서
나타나고 있는 것입니다.

인과법칙은 인과응보(因果應報)라는 의미를 지니고
있습니다.
그런데 이 인과응보의 말은 알아도 그 뜻대로
자기 삶에 막상 쓰기가 쉽지만은 않습니다.

인과응보란 말은 전생(前生)에 지은 선악(善惡)에 따라
현재(現在)의 행복(幸福)과 불행(不幸)이 있고,
현생(現生)에서의 선악(善惡)의 결과(結果)에 따라
다음 생에서 행복(幸福)과 불행(不幸)이 따르게 된다는
말입니다.

여기서 중요하게 그 뜻을 알아야 할 것은....
지나간 과거는 이미 지나갔으니......

즉 전생(前生)에 지은 선악(善惡)에 따라
현재(現在)의 행복과 불행(不幸)을 겪고 있다는 말은
지우셔도 됩니다.

그러나 현생(現生)에서의 선악(善惡)의 결과(結果)에
따라 다음 생에서 행복(幸福)과 불행(不幸)이 따르게
된다는 말은 반드시 기억하셔야 합니다.

지금 현실이야 어쨌든 내가 무슨 잘못을 하여서
이러는지는 몰라도.......

지금 현실을 탈피하여 내가 원하는 현실로 나아가기
위해서는 지금부터라도 내가 짓는 업을 잘 살펴
지금 짓는 업이 나쁜 마음, 나쁜 업을 짓지 않고
오직 좋은 마음으로 좋은 업만을 지어간다면
지금 오늘 하는 일이 과거와 상관없이
곧 내일 일부터 결정해 나간다는 말씀입니다.

그러면 과거의 결과가 지금 현실에서 어찌 되었든
오늘 하는 일로 지금의 현실을 내일은 내가 원하는
현실로 바꾸어 낼 수 있다는 말이 됩니다.

이것이 인과법칙의 묘법(妙法)입니다.
과거야 어쨌든 지금부터가 중요합니다.

왜냐면 내가 내 마음을 바꾸어서 지금 현실에서 벗어나
미래는 내가 원하는 현실을 창조해 낼 수 있기
때문입니다.

여기서 중요한 문제는 무엇일까요?............

과거 기억에 속지 말고 미래를 지어가는 일입니다.
지나간 일이나, 지나간 기억에 속아 과거를 가지고
현재 현실처럼 살지 않고 내가 원하는 미래를 창조하는
창조적인 마음으로 현재를 살아가는 일입니다.

과거 기억을 가지고는 미래를 살 수 없습니다.
과거 기억을 지니고 살면 현재의 삶은
과거 기억 속에...
과거가 작용하는 인과응보 속에 묻혀버리고 맙니다.

그러면 지난 세상 업보가 다 끝나야 햇빛이 듭니다.
이 생, 어느 때에 건강하고 행복하고 즐거움을
노래하며 살 기약이 없습니다.
나쁜 것은 다 잊고 지금부터 다시 시작하면 됩니다.

내가 오늘부터 과거 기억을 벗어나
내가 원하는 내 인생만을 만들어 간다면 이는 내가
나에게 약속한 틀림없는 미래를 살아감입니다.

지금 이 순간 자기 마음을 한번 잠깐만 봅니다.
거기에 무엇이 있나요?.......
거기에는 지금 아프다는 마음도 무엇이 안 된다는
마음도 없습니다.
그런데 아무것도 없던 마음에
아프고 괴로운 마음이 저절로 생겨납니다.

마음이 모든 것을 만듭니다.
마음이 모든 것을 지금도 오늘도 내일도 만듭니다.

이유야 어쨌든 내 마음인데 내 마음을 내 마음대로
어떻게 할 수가 없다고 하여도
내 마음 생긴 대로 마음 법칙은 시공간에 평등하여
그 마음 그대로를 현실에 드러나게 합니다.

따라서 지금의 일들을
어떻게 처리[선악(善惡)]해 나가느냐에 따라
미래의 과보(果報)가 결정됩니다.

좋은 사람이든 나쁜 사람이든
'내가 주는' 인연으로 만나야 좋은 결과가 생깁니다.
좋은 마음 좋은 일은 좋은 일만을 불러들입니다.
잠시만 참아가며 인과법을 믿고 좋은 업을 지어봅니다.

스스로 먼저 베풀기[주기]를 좋아해야
좋은 것이 많이 생겨납니다.
스스로 마음으로 베풀지 못하고
누가 달라고 하면 어쩔 수 없이 주다가도
나중에는 누가 달라고 하면 주는 자체가
아깝고, 화나고, 짜증나고, 미워하고, 싫어하게 될
때도 있습니다.

몸이 아프고 일이 안되어 자꾸 아프고 힘들어하면
그 마음이 그러한 모든 것을 계속 만들어 가게 됩니다.
마음이 모든 현실을 만듦이니 힘들어하면
내가 힘든 일을 원하는 것이 되어 현실로 그 힘든 일이
나타나게 됩니다.

어쨌든 지금부터라도 지금까지 겪고 있는 현상이야
몸이 아프고 운이 안 좋아도
지금 겪는 현실에 동조(同調)하지 않고
내 마음으로 내가 건강(健康)하고 행운(幸運)이 따르는
마음 바꾸기를 하여
내가 원(願)한 마음으로 갈아 넣을 줄 알아야
인과법칙의 수혜자가 됩니다.

내가 내마음으로 자꾸만 아픈 생각, 안 된다는 생각 등
부정적인 생각에 잠겨 있다면 현실이 어쩔 수 없어도
나는 내가 짓는 내 마음이 원인이 되어 나는 내가
나에게 그런 부정적인 현상과 현실을 만들어 피해를
보는 내 마음의 피해자가 됩니다.

현재 이 순간의 마음은
과거의 업을 청산하는 청산의 업보판이 벌어지고,
이와 동시에 미래를 설계하는 설계판이 함께 벌어지고
있는 사차원의 마음공간입니다.

줄 수 있을 때....
줄 수 있는 기회가 왔을 때,
그 기회를 놓치지 않고 주는 것이
좋은 보(報)를 받을 수 있는 방법(지혜)입니다.
줄 수 있다는 것은 참으로 복(福) 된 일입니다.

스스로 주기를 주저하지 말고,
마다하지 말고, 서슴없이 주다 보면
주는 것이 마를 날이 없게 됩니다.
지금 줄 수 있는 것이 있다면, 줄 수 있을 때 주어야
마음창고에 사랑과 행복이 넘쳐납니다.

"탐애(貪愛)가 있는 모든 이는
 탐욕(貪慾)에 항복(降伏)되고
 탐욕(貪慾)에 가린 바가 된다."

"탐욕(貪慾)에 물들어 집착하면
 마음을 덮어버리기 때문에,
 혹은 자기(自己)를 해치기도 하고,
 혹은 남을 해치기도 하며,
 혹은 둘 다 한꺼번에 해치기도 한다."
고 하였습니다.

일어나는 마음[탐심(貪心)]을 먼저 알아차려 봅니다.
일어나는 마음이 좋은지 나쁜지를 먼저 알아야 합니다.

탐애욕(貪愛慾)

욕심(慾心)·욕망(慾望)·욕구(慾求)는
중생이 스스로 만들어 내며, 스스로 이루려고
고통받는 마음입니다.

탐진치(貪瞋痴)

하려는 마음, 안 되는 마음, 잘 되는 마음이
다 고(苦)를 부릅니다.

오온(五蘊); 색수상행식(色受想行識)

색성향미촉법(色聲香味觸法);

색(色), 성(聲), 향(香), 미(味), 촉(觸)의
오경(五境)을 탐하여 애착(愛着)함이 고(苦)입니다.

눈(眼)은 좋은 것을 탐하며,
귀(耳)는 좋은 말을 탐하며,
코(鼻)는 좋은 냄새를 탐하며,
혀(舌)는 좋은 맛을 탐하며,
몸(身)은 좋은 모양을 탐하며,
뜻(意)은 좋은 일을 탐하며 괴로워합니다.

칠정육욕(七情六慾)

칠정(七情)은
희(喜:기쁨), 노(怒:분노), 우(憂:근심), 구(懼:두려움),
애(愛:사랑), 증(憎:증오), 욕(欲:욕심) 또는

희(喜:기쁨), 노(怒:분노), 애(哀:슬픔), 구(懼:두려움),
애(愛:사랑), 오(惡:미움), 욕(欲:욕심) 또는

희(喜:기쁨), 노(怒:분노), 우(憂:근심), 사(思:사려),
비(悲:슬픔), 공(恐:두려움), 경(驚:놀람)을 말합니다.

육욕(六慾)은
색욕(色慾: 빛깔에 대한 탐욕)
형모욕(形貌欲: 미모에 대한 탐욕)
위의자태욕(威儀姿態欲: 태도의 애교에 대한 탐욕)
언어음성욕(言語音聲欲: 언어·소리에 대한 탐욕)
세활욕(細滑欲: 부드럽고 깨끗한 살결에 대한 탐욕)
인상욕(人相欲: 좋은 인상에 대한 탐욕)을 말합니다.

오욕락(五欲樂)은
수면욕(睡眠慾), 식욕(食慾), 색욕(色慾),
명예욕(名譽慾), 재물욕(財物慾)
다섯 가지를 말합니다.
오욕락에 빠지면 마음공부에 장애를 부릅니다.

마음이 신구의(身口意)로 업(業)을 지으니
신구의(身口意)가 마음을 쓰는 도구(道具)입니다.

마음이 이 도구(道具)를 어떻게 쓰느냐가
병고운고(病苦運苦), 건강행복(健康幸福)을 좌우합니다.

고(苦)는 나쁜 마음을 신구의(身口意)로 써서 생김이요
락(樂)은 좋은 마음을 신구의(身口意)로 써서 얻음
입니다.

선인선과(善因善果) 악인악과(惡因惡果)
중생과 부처는 다 한마음입니다.

이 한마음을 가지고
부처는 부처마음을 내고 중생은 중생마음을 냅니다.

중생마음[무지(無知)]에서 부처마음[보리(菩提)]으로
닦아 나감이 중선봉행(衆善奉行)입니다.

중선봉행(衆善奉行)의 마음을 내기 위하여
마음공부(기도,수행)를 합니다.

열반(涅槃)은
번뇌의 불이 꺼지고,
아무것에도 어지럽혀지지 않은 이상적인 상태로
모든 고뇌(苦惱)가 사라진 상태를 말합니다.

우리도 우리에게 생겨난 괴로움을 하나씩 없애나가서
열반(涅槃)의 길……

부처님의 길을 따라가는 일입니다.

마이너스(-)는 플러스(+)로 소멸합니다.

나쁜일은 좋은일로 갚아야 합니다.
나쁜일을 나쁜일로 갚는다면
나쁜일만 더욱 많아집니다.
나쁜일에 나쁜 신구의 삼업만을 계속 짓는다면
나쁜일은 계속 불어나 멈추지 않습니다.
나쁜일에 좋은 신구의 삼업을 쓰기 시작해야
나쁜일이 멈추고 좋은 일이 일어납니다.

나의 마음 변화로 나의 인생이 변화합니다.
맞는 사람보다 때리는 사람에게
부처님 자비[지혜]가 더 필요합니다.

나를 때리는 사람을 증오하기보다는
사랑을 베풀어야 합니다.

증오를 하면 할수록 증오의 응보는 더 늘어나기
때문입니다.
증오의 삶을 끝내고 사랑의 삶으로 가기 위해서
증오를 사랑으로 대하면 증오의 타오르는 불도 꺼지고
내인생에 사랑의 과보가 꽃피우기 시작합니다.

물론 일반적으로는 어려운 일이지만
마음공부를 하는 불자님들이라면 인과법에 따라
이것이 내가 잘사는 지혜임을 안다면
지혜를 쓰는 데 어려움이 없습니다.

지혜는 아는 데 있지 않고 쓸 줄 아는 데 있습니다.
괴로움에 봉착하여 사랑과 자비의 지혜를
사용할 줄 안다면 이는 내가 잘사는
최고의 지혜가 무엇인지 잘 아는 불자입니다.
맞는 사람은 몸은 아파도 몸이 나을 날이라도 있지만
때리는 사람은 마음이 병든 사람이니
괴로움에서 벗어날 날이 없습니다.

때리는 이에게 부처님 자비[지혜]를 베풀면
나는 병이 낫고 그 사람 마음을 치유하는 공덕이
생겨나 일거양득(一擧兩得)입니다.
이 모든 것을 만들어내는 조심(造心)을 쓰는 지혜가
누구나 다 아는 인과법(因果法)입니다.

"콩 심은 데 콩 나고 팥 심은 데 팥 난다"는
가르침입니다.
인과법칙은 원인과 결과의 법칙입니다.

이는 말로는 다 알아도 다 모르고 살기가 쉽습니다.
막상 내 인생에 일어난 일을 이 인과법으로 보기가
쉽지 않습니다.

내가 아픕니다.....내가 힘듭니다.....
내가 괴롭습니다....
내가 아프고 힘들고 괴로운 결과가 나에게 있다면
그 원인은 누구에게 있을까요? ....
나에게 있습니다.

내가 나를 아프게 힘들게 괴롭게 했습니다.

이를 더 억지스럽게 극단적으로 말한다면
내가 다리가 부러지고 사업이 망하고 저 사람이 저래도
다 내가 그렇게 괴롭고 그렇게 힘듦이니
분명 내가 왜 그랬는지 잘 모를 뿐
그 원인은 분명 나에게 있습니다.

내가 나를 그 사람을 그렇게 하도록 만들었습니다.
내가 짓는 마음과 짓는 업이
내가 나를 그렇게 만들었습니다.
누구도 내 안에 나 말고는
그렇게 만들어 넣어 주지는 못합니다.

아파도 내가 건강(健康)해도
내가 망(亡)해도 내가 흥(興)해도 나이니
그 원인도 분명 나에게 있음입니다.
이것이 인과법입니다.

이것을 인정해야
인과법을 올바르게 아는 것입니다.

아프기는 내가 아프고 망하기는 내가 망했는데
저 사람 때문이다.

저 사람 때문에 내가 망했다고 한다면
이는 인과법을 아직은 전혀 모르는 사람입니다.

이 인과법을 잘 알아야..........
자업자득(自業自得) 자작자수(自作自受)를 아는 사람이니
이제 내가 원하는 농사를 지으면 됩니다.
건강할 인을 심어서 건강을 거두면 건강해집니다.
잘될 인을 심어서 잘되는 일을 만들면 다시 잘됩니다.
속 썩이는 사람에게 잘 지내는 인을 심어서
잘 지내는 결과를 만들어 내면 됩니다.

그러면 그 방법이 무엇일까요?
자업자득(自業自得)
선업(善業)선과(善果) 악업(惡業)악과(惡果)입니다.
선업은 좋은 과보를 받을 수 있는 착한 일입니다.
악업은 나쁜 과보를 받는 좋지 못한 일입니다.
내가 짓는 업이 좋은 마음 좋은 업이면 좋은 결과가
내가 짓는 업이 나쁜 마음 나쁜 업이면 나쁜 결과가
나옴은 당연한 결과입니다.

문제는 나입니다.
내가 괴로우면서도 내가 나쁜 마음을 안 냈고
나쁜 일을 안 했다고 우기는 일입니다.
자꾸만 나는 잘했는데... 나는 옳게 했는데...
저 사람 때문인 것만 같습니다.

어쨌든 다른 사람이 아니라 지금 내가
나쁜 일을 겪고 있으니
모든 일이 다 나 때문이라고 돌아와야
인과법을 쓸 줄 아는 지혜로운 사람이 되는 것입니다.

나 때문이라면 문제 해결은 쉽습니다.
문제도 나에게, 해결 방법도 나에게, 그 답도 나에게
있기 때문입니다.

다 내 안에서 일어난 문제이니 당연히
내 안에서 찾으려는 마음만 먹으면 됩니다.

인과법이 창조법입니다.
인과법이 내가 원하는 것을 만들어 내는 법입니다.
인과법이 내 마음으로 현실을 창조하는 법입니다.
마음은 곧바로 현실을 창조합니다.
지금 한번 화를 내보세요.
나는 즉시 화난 사람이 됩니다.
즉 즉시 화난 사람이 만들어집니다.
내가 나를 화난 사람으로 창조했습니다.

지금 저 사람을 당장 미워해 보세요.
그 사람이 즉시 미워집니다.
내가 즉시 그 사람을 미운 사람으로 만들었습니다.
내가 즉시 그 사람을 미운 사람으로 창조했습니다.

내가 화를 내면 나는 화난 사람이 되어
화난 업을 지으니 즉 화난 일을 하니
당연히 화난 결과만을 가져옵니다.
저 사람을 내가 미운 사람으로 만들어 놓으면
그 사람이 무엇을 해도 나는 내 마음에 안 든다고만
미워만 합니다.

안 되는 일, 화나는 일에서 벗어나 잘 살려면
지금 당장 내가 남에게 잘해주면 잘사는 결과가
인과법칙 따라 창조가 됩니다.

창조법칙은 인과법칙을 벗어날 수 없습니다.

내가 남에게 웃고 대하면 웃는 결과가 옵니다.
이것이 인과법입니다.

그런데 현실에서는 그렇게 쉽지 않습니다.
저 사람이 저러는데 어떻게 내가 잘해줄 수 있나요?
저 사람이 저러는데 어떻게 내가 웃고 대할 수
있나요? 할지도 모릅니다.

그러면 계속 그렇게 사실 건가요? 아닙니다.
아니라면 어떻게 해야 할까요?

내 몸에 내 운명에.......
내가 만든 줄 알면
당연히 내가 없앨 수도 바꿀 수도 있습니다.
누가 망했는가? 내가.
누가 흥할려고 하는가? 내가.
다 나(我)뿐이니 나(我) 빼놓고는 모든 일을 논(論)할
수 없습니다.

나와 나뿐이니 내 마음먹기입니다.
내 마음 내가 고쳐먹는 일뿐입니다.

모든 일이 나 때문이라면
내가 나의 모든 것의 모든 것입니다.
내 마음이 그러합니다.

이 마음... 내 마음대로 쓰는 공부가 마음공부입니다.
인과법(因果法)의 지혜를 써야 합니다.

인과법의 지혜를 써야 내 인생이 새롭게 창조됩니다.

그러나 그렇게 잘 해야 된다고 알아도
막상 그렇게 잘 안됩니다.

내 마음.. 내 것인데도..
내 마음이 내 마음대로 안 됩니다.
그래서 기도가 필요합니다.

부처님의 가르침[마음공부]이 필요합니다.
기도(祈禱)와 수행(修行)으로 이고득락(離苦得樂)합니다.

업장소멸[業障消滅; 제악막작(諸惡莫作)]
소원성취[所願成就; 중선봉행(衆善奉行)] 합니다.

업장소멸(業障消滅)은 이유 불문(不問)코
무조건 절대 나쁜 업을 짓지 않습니다.

소원성취(所願成就)는 이유 불문(不問)코
무조건 절대 좋은 업만을 지어갑니다.

불자(佛子)는
부처님 가르침을 따르는 이들입니다.

윤회(輪回)라는 말은
누구나 그 뜻을 다 아는 단어(單語)입니다.

윤회(輪回)란
수레바퀴가 끊임없이 구르는 것과 같이,
중생이 번뇌와 업에 의하여
삼계육도(三界六道)의 생사 세계를 그치지 아니하고
다시 태어남을 반복함을 말합니다.

즉 이생은 지난 생과 다음 생이 함께 연결되어
살아가는 삶입니다.
아무리 노력을 하여도 잘되고 안 되는 것은
지난 생의 삶이 이생에 합산하여 계산되기 때문입니다.
지난 생의 과보(果報)가 더하기 빼기 됩니다.

같이 돈을 벌려고 같은 노력하여도
어떤 이는 큰 이익을 보기도 하고
어떤 이는 큰 손해를 보기도 합니다.

사람마다 각자 지은 지난 세의 선악의 업보(業報)가
눈에 보이지 않게 계산이 되기 때문입니다.

지금 생에 지은 업과 과거 생의 업보가 대차 계산이
함께 이루어집니다.

이생은 지난 생에 지어 놓은
좋은 삶의 보따리와 나쁜 삶의 보따리를
함께 지니고 살아갑니다.
지난 생에 지어 놓은 나쁜 과보를 가져오지 않고
좋은 과보만을 가져오는 방법이 선업(善業)을 짓는
일입니다.

좋은 과보는 이생에 짓는 선업으로 가져오고
나쁜 과보는 이생에 짓는 악업으로 가져옵니다.
선인선과 악인악과(善因善果 惡因惡果)
선자필승 악자필멸(善者必勝 惡者必滅)
이것이 인과법칙(因果法則)입니다.

자작자수(自作自受) 자업자득(自業自得)

누가 나를 욕하며 해칩니다.
나도 화가 나서 욕을 하며 같이 때립니다.

인과법의 상(賞)과 벌(罰)은 내가 주지 못합니다.
그 사람이 나를 욕하고 해친 벌(罰)은 그 사람
인생에서 알게 모르게 받게 됩니다.
이유야 어떻든 내가 지은 악업은 내가 내 인생에서
반드시 받게 됩니다.

너 때문에 내가 화가 나서 화를 낸다 해도,
화를 낸 과보는 내가 화를 내는 순간 분명하게
받게 됩니다.

화를 내는 순간 내 마음에 화낸 고통이 곧바로
일어납니다.

상대가 이 세상에서 가장 악한 사람이라 해도
내가 그 사람에게 해를 가하는 순간
내가 또다시 해를 받을 과보(果報)만 늘어납니다.
억울해도 그것이 인과법(因果法)입니다.

더 말이 안 되는 것은
그 사람에게 잘 해줘야 된다는 것입니다.
그러나 인과법을 알면 억울해도 말이 안 돼도
잘 해줘야 되는 지혜를 알게 됩니다.

인과법을 알면 억울할 것도 없고
당연히 더 잘해 줘야 되는 이유를 아니
남이 나에게 못할수록 나는 잘해 줄 수밖에 없습니다.

이것이 마음이 모든 것을 만들어 내는 이치입니다.

인과법(因果法)은 '네 몫 내 몫'이 정확합니다.
네가 지은 업은 네가 받고,
내가 지은 업은 내가 받습니다.

인과법은 어떠한 이유도 사정도 봐주지 않고
스스로 지어 스스로 받게 하는 평등한 법칙입니다.
내가 한 만큼 그만큼 그대로
혹은 그 몇 배로 내가 받게 됩니다.

이유야... 사정이야 어쨌든....
선심(善心)으로 선업(善業)을 지으면
선과(善果; 건강행복)가 당연히 옵니다.
악심(惡心)으로 악업(惡業)을 지으면
악과(惡果; 병고불행)가 당연히 옵니다.

항상 누구든 당신 덕분에 행복하시기를 기원드립니다.

자작자수(自作自受) 자업자득(自業自得)입니다.
이것이 인과법칙(因果法則)입니다.

　　(4) 사고팔고(四苦八苦)

부처 마음은 삼계개고(三界皆苦) 아당안지(我當安之)
중생 마음은 사고팔고(四苦八苦)입니다.

① 생로병사(生老病死);
나고·늙고·병들고·죽는 것이 고(苦)입니다.

생업(生業)은 살아가기 위하여 하는 일속에
쉼없이 생겨나는 고(苦)라고 생각해 봅니다.
노업(老業)은 늙고 쇠(衰)하여
몸과 마음이 뜻대로 되지 않는 고(苦)이고
병업(病業)은 병들고 지치고 두려움에서 오는 고(苦)이고
사업(死業)은 혼자 쓸쓸히 외롭게 죽어가는 고(苦)라고
할 수 있습니다.

② **애별리고**(愛別離苦);
　사랑하는 이와 헤어지는 고통.

좋은 사람, 좋은 것은 잠깐 지나가고
남의 떡이 항상 커 보이고
남의 살림이 더 잘나 보입니다.
다른 욕심을 내는 순간 나의 좋은 것을 잃고
없는 것을 좇아 좋아하게 됩니다.
없는 것은 없는 것이어서 아무리 좋아도
좋은 것이 아닙니다.
현재 있는 것을 조금이라도 좋아하면
좋은 것이 나를 떠날 수가 없습니다.

③ **원증회고**(怨憎會苦);
　원수나 미워하는 사람과 만나는 고통.

사랑이 없으면 증오도 없고
이쁜 이가 없으면 미운 이도 없습니다.
사랑과 증오도, 이쁜 사람도 미운 사람도
내 마음으로 내가 정하여 그러함이니
내가 내 마음으로 원수도 만들고, 미운 사람도 만드니
먼저 이러한 나부터 탓하여
원수를 만드는 내 마음을 원수같이 여기고
미운 사람을 만드는 내 마음을 미워하면
내마음이 나를 원수로 보거나 미운 사람으로는 안볼테니
원수나 미운 이를 만나는 고통이
저절로 사라지게 될 것입니다.

④ 구부득고(求不得苦);
　구하여도 얻지 못하는 고통.

구하려는 마음이 이는 순간
그만큼 고생(苦生)을 불러들입니다.

아직은 없는 것을 구하려 함이니
구하는 날까지 고생(苦生)길입니다.

세상은 자꾸만 변하는데
지금 생각하는 것이 변하지 않고
그대로 나를 기다리지 않습니다.
고생(苦生)이 인(因)이 되니 고(苦)가 연(緣)이 되어
과(果)가 고(苦)일 수밖에 없습니다.

구하는 지혜(智慧)가 베풂인 줄 아는 이는
베풂이 씨앗이 되고 연(緣)이 되어
구하는 것이 베풂의 결과로 나타나니
고생(苦生)이 사라지고 시생(施生; 베푸는 삶)이 되어
즐거움을 누리게 됩니다.

베푸는 지혜는 세상이 아무리 변해도
싫어하는 사람이 없습니다.

무엇인가 구하려는 마음이 있다면
무엇인가 베풀 계획도 함께 세운다면
인과법칙(因果法則)을 잘 아는 불자(佛子)입니다.

⑤ 오음성고(五陰盛苦);
   오온(색수상행식)으로 인연한 고통.

오음성고(五陰盛苦)는
'오온이 치성하는 데서 오는 괴로움'으로,
욕망, 감정, 생각, 행동, 인식 등에서 일어나는
괴로움이라고 할 수 있습니다.
내가 일으킨 오온(욕망·감정·생각·행동·인식)을
나와 동일시(同一視)하여 나로 알고
집착(執著)하는 괴로움입니다.

오온덩어리가 바로 나입니다.

오온은 내가 세상을 살아가는 온갖 재료가
가득한 창고와도 같아
이 재료를 잘 꺼내어 살면 내가 원하는
모든 것을 이루기도 하고
이 재료를 잘못 꺼내어 살면 내가 나를
망치기도 합니다.
이 세상에 태어나는 순간 재료만 잔뜩 가지고 왔지
재료를 잘 꺼내 쓸 지혜는 가져온 것이 부족하니
배우면서 살아가야 합니다.

아무것도 모르는 길을 찾아가는 것이 고(苦)입니다.
인생(人生)의 답(答)을 모르니
수많은 인생 착오와 시련이
쉼 없이 나의 앞길을 가로막습니다.

삶 자체가 고(苦)입니다.
고(苦)가 인생의 본전(本錢)입니다.

일체개고(一切皆苦)입니다.
모든 것이 괴로움입니다.
고(苦)가 본전(本錢)입니다.

일체개고(一切皆苦) 부처님 가르침입니다.
부처님께서 일체(一切)가 고(苦)라는 답(答)을
내주셨습니다.

그래서 다 포기하고 고(苦)속에 살다가
고(苦)속에 죽어가라는 이야기일까요?

일체개고(一切皆苦)를 모르면 정말로
고(苦)인 줄도 모르고 고(苦)에 살다가
고(苦)속에 죽어갈 수도 있습니다.

그러나
일체개고(一切皆苦)는 일체개락(一切皆樂)입니다.

일체(一切)가, 고(苦)가, 가리키는 것은
일체(一切)가 락(樂)이라는 뜻입니다.
고(苦)가 본전(本錢; 타고난 밑천)이기에
고(苦)가 와도 절대 손해 볼일은 없습니다.
아무리 나쁜 일이 많아도 그것은 내가 타고난 밑천이기
때문입니다.

살다 보면 좋은 일도 많습니다.
고(苦)가 본전이기에 조금만 좋아도 다 남는 일입니다.
고(苦)가 본전(本錢)인 줄 아는 이는 항상 행복합니다.
고(苦)가 본전(本錢)인 줄 모르기 때문에
불행(不幸)합니다.

누가 나를 해쳐도 고(苦)가 본전(本錢)이니
더 이상 손해 볼 일 없습니다.

아무리 큰 고(苦)가 와도
"와, 전생부터 가지고 온 내 본전이 이렇게 많구나."
하고 알면 그만입니다.
다 내가 살면서 내가 만들어 일어난 일이니
내가 살면서 다 갚으면 그만입니다.

인과법은 시작이 있으면 끝이 있습니다.
아직은 인생이 끝난 것이 아니니
결국은 내가 잘 살려고 시작한 일이니
지금은 이렇다 하여도 살다 보면
반드시 그 끝은 인과법(因果法)에 따라
잘 사는 것으로 끝나게 됨이 틀림없습니다.

(5) 고가 본전

일체개고(一切皆苦)
아무리 고(苦)가 닥쳐도, 고(苦)가 많아도
고(苦)가 본전(本錢)입니다.

고(苦)가 본전(本錢)임을 잘 아시는 불자들은
지금부터는
누가 나에게 조금만 잘 해줘도
본전(本錢)에서 남는 장사이니 항상 이익을 봅니다.
나도 잘해주면 인생 장사 잘할 줄 아는 사람입니다.

세상은 고(苦)가 본전(本錢)이니
더 이상 손해 볼 일은 없고
항상 이익을 볼 일이 많습니다.
락(樂)이 본전이면 죽을 때까지 고(苦)의 날이 많아도
고(苦)가 본전이면 세상은....
죽을 때까지 인생은 락(樂)의 날 뿐입니다.

고(苦)가 본전[일체개고(一切皆苦)]인 줄 아는 이는
고(苦)가 끝이 없어도 그것이 나의 본전이니
고(苦) 때문에 손해 볼 일은 없고
조금만 누가 잘 해줘도 이익(利益)이니까
항상 이익(利益)을 보니 항상 행복한 사람입니다.

일체개고(一切皆苦)를 아는 사람들은
일체개락(一切皆樂)으로
항상 락(樂)을 얻는 득락(得樂)의 삶을 살아갑니다.
일체개고(一切皆苦)의 가르침에 깨어 산다면
항상 득락(得樂)으로
오늘도 누군가 나에게 고(苦)를 주는 날보다
락(樂)을 주는 날이 더 많음을 발견해야
내 인생의 복락을 놓치지 않습니다.

고(苦)가 본전임에 깨어 산다면
내 본전(本錢; 과보)으로 괴로움 받을 일은 없습니다.
지족지부(知足知富) 지분지족(知分知足)입니다.

벌이가 잘 안 되어도 남편이나 아내 또는 자식이나
친구가 좀 마음에 안 들고 속을 썩여도
내 본전(本錢)이니 크게 괴로울 일이 없습니다.

때로는 더 크게 괴롭다면
그만큼 큰 본전(전생업)을 가지고 태어남입니다.

누군가 조금만 잘 해줘도 남는 일이니
항상 행복은.... 내 안에 있습니다.

누구라도 다....   나에게 못되게 굴고,
내 마음에 안 들게 한다 하여도
나의 나쁜 본전[업(業)]을 꺼주어서 좋고
조금이라도 좋으면 나에게 복락(福樂)을 주는
감사한 이들입니다.

거기다가 내가 누군가에게 더 잘한다면
그대로 내가 짓는 복락이 되어
행복의 씨앗을 뿌리고 행복의 열매를 거두는
행복한 인생농부입니다.

일체개고(一切皆苦)
부처님 가르침을 기억한다면 일체개락(一切皆樂)입니다.

우리 불자님들은 다행히 부처님을 만나
고(苦)가 본전(本錢)임을 알았으니
한 걸음을 걸어도 두 걸음을 걸어도
걷는 길마다 항상 이익 아닐 때가 없으니 행복합니다.
날이면 날마다 항상 좋은 날입니다.
사는 일 일체가 다 고(苦)라는 것을 잊지 않고 산다면
항상 이익은 눈앞에, 내 곁에 있습니다.
만나는 모든 이들이
다 나에게 이익을 주는 감사한 사람들입니다.

제행무상(諸行無常) 제법무아(諸法無我)
좋든 싫든 영원한 것은 없습니다.
모든 것은 다 지나가고 말 일들입니다.

지나간 일의 기억에 집착하지 않아야
지난 일에.....
지나간 업의 과보에 내 스스로 붙잡히지 않습니다.

지나간 업의 과보에 집착하지 않아야
그 업에서 벗어날 수 있고
현재와 미래를 살아갈 수 있습니다.
집착하는 순간 그 업은
나의 고질병이 되어 나와 함께 하게 됩니다.
그러면 영원히 그 업에 갇혀 살게 됩니다.

아직 오지도 않은 일에
속 썩거나 애태울 일도 없습니다.

오늘 함께 잘 먹고, 잘 살면 평생 행복합니다.
오늘이 좋은 날이면 내일도 좋은 날이 옵니다.
지나가 버린 과거에, 지나가고 있는 일들에 붙잡혀
오늘의 시간을 쓰느라고 오늘을 버리지 말고
아직 오지 않은 내일 일로
오늘의 아까운 시간을 헛되이 보내지 않는다면
오늘, 지금 잘살 일을 하기에 충분하고도 남습니다.

내가 똑같은 마음을 가진 것 같아도
나는 두 번 다시 똑같은 마음으로는 존재하지
않습니다.

그때그때 내 마음 따라 또 다른 나가
쉴 새 없이 나타납니다.
다 내 마음으로 나를
수시로 이런 나, 저런 나를 만들어 내가며 살아갑니다.
아침·낮·저녁 한 번도 똑같은 마음의 나는 없습니다.
내가 만들어 내는 나이니
나를 보며 나를 마음에 들게 쉼 없이 만들며
살아봅니다.

(6) 응관법계성(應觀法界性)

부처마음[보조제세간(普造諸世間)]은
모든 세간을 다 만들어 내는 마음
[지혜 - 아뇩보리(阿耨菩提)]입니다.

어떻게 모든 세간을 다 만들어 내는 마음,
부처[아뇩보리(阿耨菩提)]를 깨달을까요?

화엄경 사구게(華嚴經 四句偈)

약인욕요지 삼세일체불 응관법계성 일체유심조
若人欲了知 三世一切佛 應觀法界性 一切唯心造

만약 어떤 사람이
삼세(三世) 일체(一切) 부처님을 알고자 한다면,
....
마땅히 이 법계(法界)의 성품을 관(觀)하라.
....
모든 것은 마음이 만드는 것이다.

삼세(三世; 과거·현재·미래)의
모든 부처님을 알고자 한다면
즉 부처님을 깨닫고자 한다면

마땅히 이 법계(法界)의 성품(性品)을 관(觀)하라.
즉 '이 법계(法界)의 성품(性品)이 부처이다.'
라는 말입니다.
법계의 성품(마음) = 부처

이 법계의 마음이...........

일체유심조(一切唯心造)
마음이 모든 것을 만들어 낸다.

일체는
일체를 만들어 내는 마음[조심(造心)]이 만들어 낸다.
법계(法界)의 성품(性品)이 부처입니다.

법계(法界)의 성품(마음)이
법계(法界)의 모든 것을 만들어 내는 마음입니다.

즉 '모든 것을 만들어 내는 마음'
[조심(造心); 지혜; 아뇩보리]이 부처입니다.
부처는 법계의 조심(造心)입니다
일체유심조(一切唯心造)의 조심(造心)입니다.

부처는
법계(法界)의 모든 것을 만들어 내는
즉 창조하는 근본 생명(生明)입니다.
즉 부처는 모든 조(造; 만듦; creation)를 할 수 있는
무형(無形)의 시스템(마음; system)과 같습니다.

즉 부처(佛陀)는 법계(法界)의
창조생명(創造生明)이고 창조지혜(創造智慧)입니다.
부처는 법계(法界)의 모든 것의 모든 것입니다.

법계(法界; 우주만법)의 성품(性品)을
어떻게 관(觀; 깨달음)할까요?

어떻게 관(觀)해야 부처를 깨달을까요?

나(我)도 우주법계의 구성원(構成員)......입니다.

즉 나(我)도 우주의 극히... 지극히......
미소(微少)하지만 법계의 모든 만물과 동등(同等)한
하나의 관계입니다.

나의 근본성품[본성(本性)]과
법계(法界)의 법계성(法界性)과 다르지 않습니다.

그러므로 나의 성품[진실성(眞實性)]을 관(觀)함이
온 법계[우주(宇宙)]의 성품(性品)을 관(觀)하는 일과
전혀 다르지 않습니다.

즉 내 마음의 어머니 마음을 "?"합니다.
내 마음의 진실성[眞實性; 조심(造心)]이 부처입니다.
내 마음의 궁극적 본성(本性)을 관(觀)합니다.

온 우주[법계(法界)]를 만들어 내는 마음이
내 마음에도 있습니다.
내 마음의 의미(意味)와 가치(價値)가
이렇게 고귀(高貴)합니다.
즉 내 안에 우리가 아는 부처님과 똑같은
부처님마음[불성(佛性)-아뇩보리(阿耨菩提)]이
있다는 말씀입니다.

그 마음은 부처님이나
나(我)나 어느 누구도 다름이 없습니다.
모든 것들이 다 그러합니다.
이 법계의 성(性: 마음-조심)을
100% 깨달으신 분이 부처입니다.

나도 이 마음을 깨달으면 부처입니다.
[이뭣고-"?"]로 바라밀다(波羅密多)합니다.

꿈속의 모든 생명이 꿈을 꾸어내는 나의 생명의
입자들입니다.
꿈속세상과 꿈속의 나가 아무리 실제 같고 나 같아도
나는 잠자며 꿈꾸는 나일 뿐입니다.

이 우주 삼라만상[법계(法界)]을 꿈꾸는 그 법계성을
깨달아 봅니다.

(7) 이뭣고

우리는 마음공부[아뇩보리; 조심(造心)-"?"]를 하는 만큼
이 일체유심조(一切唯心造)의 조심(造心)
창조생명(創造生明) 창조지혜(創造智慧)를
깨닫게 됩니다.
아무리 먼 꽃밭이라도 꽃밭에 한걸음 가까이 가면
가까이 간 만큼 꽃향기가 풍겨옵니다.

마음공부를 하루 하면, 하루 한 만큼
내 인생을 내 마음에 맞게 창조할 수 있는
지혜가 나옵니다.

하루 한 번이라도 나(우주성품)를 찾아봅니다.
'마음공부 한 만큼 이고득락(離苦得樂)할 수 있음'
입니다.

이러한 마음들이 마음공부["이뭣고?" - "?"]한 만큼
결실[이고득락(離苦得樂) - 현실화]을 맺어갈 때
좀 더 큰 세상을 살아가게 됩니다.

그러면 언제 이 조심(造心; 창조마음)을 찾아야 할까요?

이뭣고?("?")
내 마음이 내 마음에 들지 않게 결과(結果)가 났을 때
이 만든 마음[조심(造心)],
다시 이 조심(造心)을 찾아가야 합니다.

이뭣고?("?")
웃으려고 시작했는데 화가 났을 때
그 화난 마음의 조심(造心)을 찾아
"이뭣고?" 해 봅니다.

이 화를 낼 줄 '아는 나'[마음]는 누구인가?
내가 나를 찾음이니 따로 찾음이 없이
집 안에 있는 물건 찾듯 찾아봅니다.

이 몸 자체가 이미 만들어진 몸[환신(幻身)]이기에
여기서 또 따로 '이뭣고?' 하는 나가 나와서
'이뭣고?' 한다면
환신(幻身)이 또 환신(幻身) 하나를 만들어
'이뭣고?' 함이니
이미 내가 나를 영영 잃어버린 꼴입니다.
"?"은 당체[환신(幻身); 손가락]가
당체[부처; 달]를 "?"함 입니다.

능가경(楞伽徑) 말씀입니다.
여우견지월(如愚見指月) 어리석은 사람처럼 달을
가리키는 손가락을 보고
관지불견월(觀指不見月) 손가락만 관찰할 뿐
달은 보지 못하는구나.
계저명자자(計著名字者) 이름과 글자의 개념에 집착하여
불견아진실(不見我眞實) 나의 실상을 보지 못하는구나.

화가 났을 때는
환신(幻身; 손가락; 이미 만들어진 몸)이
화를 만들었으니
이 화를 내는 환심(幻心)속으로 들어가
이 화를 만들어 낸 그 마음(달)을 찾는
"이뭣고?" 합니다.
말로 하니 "이뭣고?"지,
그저 내면[당체(當體)]을 향하여
"?"하는 에너지 작용일 뿐입니다.

"?"하는 나[에너지 작용]도 환(幻)이지만
환(幻; ?)으로 환(幻; 환심)을 깨달으면
일체(一切) 환(幻; 모든 현상)은 다 사라지고
조심(造心)만 청정(淸淨)함. 입니다.

일단 마음에 어떤 괴로움이든지 고(苦)가 생기면
이 고(苦)부터 "이~~~"하고 알아차리고
고(苦)속으로 행심(行深)하여
들어가[바라밀다(波羅蜜多)] 봅니다.

그것만으로도 조심(造心; 오온개공)의 지혜는
한순간 단박에 깨닫지 못한다 해도
고(苦)를 보고[관(觀)] 들어간[바라밀다(波羅蜜多)]만큼
괴로움이 분명 사라집니다.[도 일체고액(度 一切苦厄)]

「관자재보살(觀自在菩薩)
 행심반야바라밀다시(行深般若波羅蜜多時)
 조견오온개공(照見五蘊皆空) 도 일체고액(度 一切苦厄)」
관자재보살이 깊은 반야바라밀다를 행할 때에
오온이 다 비었음을 비추어보고
모든 괴로움에서 벗어났느니라.
반야심경의 첫 구절입니다.

고(苦)는 요즈음 흔히 말하는
스트레스(stress)라 할 수 있습니다.
마음이 편안하지 못해서 생기는 마음의 부적응 또는
마음의 부작용이라 할 수 있습니다.
이 고(苦)를 알아차리는 나는
이 고(苦)를 치유하는 치유사와도 같습니다.
내 몸에서 일어난 고(苦)와
이 고(苦)를 치유하는 치유사가 항상 함께하니
이 치유사가 이 고(苦)를 알아차리기만 하여도
고(苦)는 저절로 사라져 갑니다.

물론 알아차리는 강도와 집중력의 차이야 있겠지만
계속 알아차리다 보면
집중력(集中力)도 그 강도도 강해집니다.

마음에 고(苦)가 사라지면
그와 짝을 이루고 나타났던 현실도……
그 마음의 원판[고(苦)]이 사라지니
그러한 현실도 점차 사라지고
내가 원하는 길상(吉相)들이 나타나게 됩니다.

먼저 고(苦)에 빠진 나를
'알아보는 나'가 있어야 합니다.
고에 빠진 나는 원하는 대로 안 되는 나입니다.
즉 '내가 원하는 마음이 아닌, 원하지 않았던 마음'이
고(苦)에 빠져 있는 나입니다.

이를 '알아차리는 나'는
내 원대로 이루어지기를 바라는……
어쩌면 나의 원대로 이루어졌을 때의
기분 좋은 진짜 나입니다.

고(苦)에 빠진 나가 아무리 나 같아도
내가 원하는 내가 아니고
설령 내가 지금 원대로 이루지 못했다 하여도
원하는 대로 이루어지기를 바라는 나가
진짜 나입니다.

원하지 않았던 괴로운 마음의 나는
고(苦)에 빠진 줄도 모릅니다.
이 원하지 않는 마음, 즉 고(苦)를 부여잡고
계속 괴로워하는 줄도 모르고 괴로워합니다.

이 고(苦)에 빠져 괴로워하기만 하는 나는,
원하지 않는 나를 더욱더 배부르게 하는 일입니다.

그렇게 되면 내 머리(頭腦; 두뇌)는
이 고(苦)에 빠진 나가 고(苦)를 좋아하는 줄 알고
더 괴로울 짓만 일으킵니다.

이 고(苦)가 싫으면
더 이상 이 고(苦)를 배부르게 하면 안 됩니다.
고(苦)에 고(苦)를 더하는 일은
나의 괴로움이 잘 클 수 있도록 먹이를 주고,
영양분을 주는 것과 같습니다.

이제는 그만 괴로움과 이별해야 합니다.
이 고(苦)를 굶겨야
즉, 이 고(苦)에서 나오는 업(業)을 짓지 않아야
이 고(苦)가 힘이 빠지고
더 이상 내가 괴로울 짓을 못합니다.

더 이상 고(苦)에 집착(執着)함이 없어야 합니다.
고(苦)에 붙잡혀 있는 한
내가 바란 원(願)에는 한걸음도 나아가지 못합니다.

이제는 고(苦)를 '아는나'가 있다면
이 '아는나'가 지렛대 되어
이 고(苦)를 들어내야 합니다.
그리고 그 자리에 나의 원하는 마음을
다시 한 번 단단히 들여놓습니다.

이 내가 '원하는 나'가 아닌
고(苦)의 나를 잘 감시해서 꼼짝 못 하게 해야
잘 되려는 나의 힘이 증가하여
내가 원하는 일을 해나가는
기분 좋은 나로 돌아가게 됩니다.

이유야 어쨌든 내가 기분이 좋아야
기분 좋은 일도 생겨납니다.
내 기분이 나쁠 때,
기분 좋은 일이 생기기를 원한다고
기분 좋은 일이 생겨나지 않습니다.

기분 좋은 일은 기분 좋은 마음에서 생겨납니다.
웃는 씨앗이 있어야 웃는 열매를 땁니다.
화를 내면서 웃겠다는 생각만 하지 말고
바로 웃는 마음을 내는 순간
웃음이 저절로 일어나게 됩니다.

실제로 웃지 않으면 웃을 일이 없습니다.

좋은 일이 생기기를 원한다는 말은
말만이 아니라
좋았을 때 좋은 이 마음을 진짜로 내는 순간부터
좋은 일이 일어나기 시작합니다.

지금 당장 몸을 일으켜,
좋은 일을 작은 것 하나라도 지어가기 시작해야
좋은 길이 나타나게 됩니다.

좋은 업을 지어야 좋은 길이 보이기 시작합니다.
좋은 업 한 가지라도 남에게 먼저 지어야
나쁜 길을 헤치고 좋은 길로 나아갑니다.

무슨 일이 잘 되기를 정말 발원한다면
그 일이 잘 되었을 때의 기쁜 마음으로
그 일을 원함이....
참으로 그 일이 잘됨을 원하는 일입니다.

즉 씨앗과 열매는 하나여야 합니다.
머리로는 사과열매를 바라면서
마음으로는 땡감씨앗을 품고 살아서는 안 됩니다.

마음이 괴롭고, 화가 나 있으면서
웃고 살기만을 원하는 것이 아니라,
바로 지금부터 웃는 마음으로 웃기 시작합니다.
즐겁게 웃고 살기를 원한다면
이 웃는 마음이, 바로 웃고 사는 씨앗이 되어
웃음열매를 내 인생에 가져오게 됩니다.
괴로운데 웃으라는 것이 아니라
괴롭기 때문에 이 괴로움을 치유하는 지혜가
긍정적인 마음이기에 웃으라는 것입니다.

화가 멈춰야 화가 사라집니다.
웃어야 웃을 일이 보이기 시작합니다.
먼저 그렇게 하기 위해서는 내 마음에
안 드는 마음부터 알아차리는 내가 있어야 합니다.

그러면 어떻게 그 마음을 찾아야 할까요?
어떻게 그 마음을 깨달아야 할까요?

내가 화를 내면 내 마음은 화난에너지로 가득하게 되고
이 화난에너지로 화를 마음에 품고
신구의 삼업을 짓게 되니
이 화난 마음이
화를 낼 수밖에 없는 모든 현실을 만들어
낸다는 것을 마음에 새겨지도록 아실 수 있습니다.

이 화를 만들어 내는 마음과 화가나는 나는
둘이 다른 사람이 아니라 다 나입니다.

그런데 이 화를 내는 마음은 보이지 않고 화난 나만
보이고 알 수 있으니,
이 화가 나는 나를 나로 여기고,
이 화가 난 나가 하는 대로 두니, 결국 화를 내고
살아야 되는 현실을...... 내가 만들고
내가 또 화를 내고 살 수밖에 없습니다.
나에게는 보이는 몸과 보이지 않는 몸이 있습니다.
나에게는 만들어 내는 몸과 만들어지는 몸이 있습니다.

만들어내는 몸은 보이지가 않고
만들어지는 몸만 보이니 이 보이는 만들어지는 몸을
나라고 여기고 살기 십상입니다.
더욱이 만들어 내는 순간 동시성으로 만들어지니
나라고 속을 수밖에 없습니다.

그러나 만들어진 보이는 가짜나는 나일 수 없습니다.
진짜나는 보이지 않으나 가짜나를 수없이 만들어내는
나입니다.
화를 내는 나는 내가 만들어 낸 나이지 나는 아닙니다.
무슨 마음이든 만들어 낼 줄 아는 똑똑한 내가 나이지
내가 만들어 낸 나는...... 내가 만든 나와 똑같이
만든 인형과도 같을 뿐입니다.
내가 그 생명을 주는 생명의 주인입니다.

무엇이든 만들 줄 아는 나는 웃고 살고 싶은데
자꾸만 아닌 것이.... 아닌 나가 나옵니다.

마음이 모든 것을 만든다.
마음이 모든 현실을 만든다.
먼저 만들어진 내가 내마음에 안들어 하면서도
이 만들어진 마음에 안든 나를 나로 여긴다면,
나는 내가 만든 나의 화난 나의 노예가 되어
화난 사람에서 벗어날 수 없습니다.
무엇이 뜻대로 안 되는
답답한 인생에서 가짜나는 쉽게 벗어나지 못합니다.

먼저 내마음에 안 드는 일이 벌어지면
이것은 '내가 아니다' '내가 잘못 만든 나이다'. 라고
이 만들어진 나에게 똑똑히 알아듣게 말하고
그 자리에서 다시 모든 것을 만들 수 있는
내 마음자리로 환지본처(還至本處; 본래곳으로 돌아옴)
하여야 합니다.

내 모든 것을 만드는 마음자리로 돌아올 줄
알아야 합니다.
그래야 다시 내가 원하는 나를 만들어 내가 원하는
현실을 다시 만들어 갈 수가 있습니다.

그러면 어떻게 그 자리로 다시 환지본처....
돌아올까요?

그 자리에만 가면 다시 내가 원하는 마음을 만들어
이 원하는 마음으로 모든 것을 다시 새롭게 만들어 낼
수 있습니다.

가장 쉬운 방법은 응관법계성(應觀法界性)
마땅히, 당연히 법계의 성품을 관(觀)하라.
보라, 찾아라, 발견하라, 깨달아라는 의미입니다.

이 이치대로 지금 나의 그 화난마음 현상을 보아
그 화를 만들어 내는 그 마음을 꿰뚫어 보는 일입니다.
"이뭣고" 하는 수행불자라면
곧바로 이 화를 만들어 내는 조심(造心)자리 정도를
알기가 쉬울 것이나 처음에는 쉽지 않습니다.

그래서 우선은
나는 네가 화가 난 것을 잘 안다.는 의미로
"화남""화남""화남"이라는 명칭을 마음속으로 부르면서
이 내가 만들어 낸,
이 화가 난 나를 잘 알아차려 봅니다.

이 "화남"이라는 '명칭 부르기'에는
많은 조화(造化)가 있어 쉽게 화가 나는 나와
"화남"이라고 명칭 부르는 나가 분리가 됩니다.

아무리 답답하고 괴롭고 화가 나도
이 명칭 부르는 나가 승기를 잡게 되면
이 화가 난 만들어진 가짜 나는
힘을 못 쓰고 저절로 사라져 가게 됩니다.
그러면 모든 답답하고 갑갑한 병고운고(病苦運苦)도
사려져 가게 됩니다.

마음에서 병고운고(病苦運苦)의 괴로움이 사라져 가면
'마음이 모든 것을 만든다'는 마음법칙 따라
병(病)과 운(運)도 호전(好轉)하게 됩니다.

즉 모든 것은 마음이 만들었기에 그 마음이 사라지면
그러한 현상도 사라져 갑니다.
이것이 이 '명칭 붙이기'의 조화(造化)입니다.

"이것이 있으므로 저것이 있고,
 이것이 일어나므로 저것이 일어난다.
 이것이 없으므로 저것이 없고,
 이것이 소멸하므로 저것이 소멸한다."는
부처님 가르침입니다.

'명칭 붙이기'로 그러한 화가 사라지고 아무것도 없는
텅 빈 마음자리로 환지본처..... 돌아오게 됩니다.

그러면 다시 이 텅 빈 마음자리에서
이번에는 내가 원하는 마음만을 만들어 내어
가득 채우게 되면 내가.....
내가 원하는 나를 만들어 내어 살아가게 되니
당연히 현실도 그 마음을 따르게 됩니다.

원하는 마음 채움도 명칭 붙이기를 하면 잘됩니다.
웃고 싶으면 "웃는다" "웃는다" "웃는다" 하고
명칭 붙이기를 하시면 효과적입니다.
....
이제는 짧은 글이나마
마음보기 마음알기 마음바꾸기가 무엇인지....
무슨 효능이 있는지를 아실 수 있으리라 기대합니다.

"마음이 모든 현실을 만든다."
내 마음은 항상 가만히 있질 않습니다.
자기 '마음보기'를 못하면
지금 자기가 어떤 마음인지 모르기에
자기가 지금 무엇을..
무슨 현실을 만들어 내는지 알 수가 없습니다.

다 만들어진 다음에야
무엇이 잘못되어 감을 알 수가 있습니다.

한번 잘못되면 그 잘못된 현실에 빠지게 되어
자꾸 내가 원하는 현실과는 다른 마음만을 만들어 가며
지난 세 인과응보(因果應報)가 다할 때까지 벗어나기가
어렵습니다.

그러나 아니다 싶을 때 자기마음을 돌아보고
이 마음을 알고
"명칭 붙이기"로 다시 텅 빈 마음으로 돌아가
원하는 마음으로 갈아 넣기를 한다면
자기가 원하는 현실을 창조...
곧바로 만들어 낼 수가 있습니다.

이 알아차리는 나는 고(苦)의 나와
원성취[성공(成功; 목적을 이룸)]의 나와 중간자입니다.
원(願) 성공자를 배후(背後)에 두고
고(苦)를 치유하는 원성취의 전사입니다.

즉 고(苦)에 마음이 붙지 않고[무심무념]
원성취의 힘을 투사하는 나로
모든 것을 원성공으로 가져가는 나입니다.

고(苦)에서 발원성취의 마음으로
바라밀다(나아감) 한만큼
고(苦)는 사라지고 락(樂)이 나타나기 시작합니다.
고(苦)의 마음에서 멀어져 가는 만큼
락(樂)을 향해 나아가는 발판을 찾아
단단한 마음으로 락(樂)으로 나아가게 됩니다.

'마음이 모든 것을 만든다.'
마음이 모든 것을 만드는 법칙이 인과법칙입니다.
인과법[창조법]을 사용하면 인과응보를 떠나
원하는 이상향을 건설할 수 있습니다.

(8) 심여공화사(心如工畵師)

이 조심(造心; 창조심; 우주본성; 법성)은
부처나 모든 중생(衆生)에게나
부처와 똑같이 다 본래(本來) 있는 마음입니다.

모든 중생에게 부처의 성품
(佛性; 아뇩다라삼먁삼보리)이 있습니다.
즉 보조제세간(普造諸世間)
'일체 세간(世間)을 만들어 내는 마음'이 있습니다.

나의 꿈에 나타난
또 다른 나(我)의 몽중아(夢中我)와
꿈속 일체(一切) 세간 속에는
잠자는 이의 생명 입자가 동등하게
편재(遍在; 두루 퍼져있음) 합니다.

꿈속 세상의 모든 것 속에는
꿈속 세상을 만들어 내는 잠자는 이의 마음
(心性; 지혜)이 있습니다.

현실 세상도 이와 같습니다.
현실 세상의 모든 생명현상 속에는
일체유심조(一切唯心造)의 조심(造心)이 있습니다.
나의 모든 생멸활동의 근본은 불성(佛性)입니다.
이 근본 불성(佛性)을 깨달아
이 불성을 자유자재하게 씀이 부처입니다.

'이~뭣고' "?"'로
공(空)으로 바라밀다(波羅密多)한 만큼
부처의 지혜까지는 이르지 못한다 하여도
편안한 삶을 살아가기에는 충분한 지혜를 얻습니다.
문제의 나를 "?"하면 답(答)이 나옵니다.

일체중생 개유불성(一切衆生 皆有佛性)

모든 중생은 다 불성(佛性)을 지니고 있습니다.
이 불성(佛性)을 깨달으면 누구나 부처가 됩니다.

이 본래(本來) 있는 불성(佛性)을 깨달음에는
시간이 필요합니다.
돈오(頓悟), 돈각(頓覺)을 하기에는 어려움이 큽니다.
그러나 우리 불자님들이
본래부터 나에게 불성(佛性)이 있다고 믿는 데는
시간(時間)이 필요 없습니다.
이미 우리는 삼보에 귀의(歸依)한 불자(佛子)입니다.
불자(佛子)들은 이미 불법승(佛法僧) 삼보(三寶)에
귀의(歸依)한 사람들입니다.
이미 부처님 품 안에 들어간 사람들입니다.
이미 부처님의 길을 따르는 사람들입니다.

부처님 가르침을 믿고, 안 믿고가 없이
무조건 믿겠다는.... 그대로...... 따르겠다는....
부처님 가르침으로 살아가는 불자(佛子)
부처님 사람들입니다.

일체유심조(一切唯心造)
즉 '마음이 모든 것을 만든다.'는 말은
불자(佛子)가 아닌 일반인들도 다 들어서
아는 말입니다.

아는 것은
누구나 듣거나 배우면 다 알 수 있는 지식입니다.
지식은 지혜가 아닙니다.

이 지식을 쓸 수 있는
눈에 보이지 않는 마음의 시스템이 지혜입니다.

행(行)이 없는 지식(知識)은
화중지병(畵中之餠; 그림속의 떡)이란 말처럼
아무리 많이 알아도 어찌할 수 없습니다.

아무리 수없이 들어도 행할 줄 아는 지혜가 없다면
아무런 쓸모없는 지식이니
머릿속에 쌓인 쓰레기와 같습니다.

일체유심조(一切唯心造)의 조심(造心)이
나에게도 부처님과 똑같이 있음을 믿기만 한다면
곧바로 이 마음을 꺼내 쓰기만 하면 됩니다.

아무리 돈오(頓悟), 돈각(頓覺)을 말하여도
조금이라도 이 조심(造心)을 쓰지 못한다면
일체유심조(一切唯心造)에 믿음이 없는 수행자입니다.

신심청정(信心淸淨) 즉생실상(卽生實相)
믿는 마음이 청정(淸淨)하면
아무런 의심도 없이, 아무런 망설임 없이
바로 내가 원하는 마음을 꺼내 쓸 수 있습니다.

이 조심(造心)의 지혜(智慧)가 인과법(因果法)입니다.

내가 원하는 잘사는 마음을 나에게서 꺼내서
남에게 이 잘사는 마음으로 남에게 잘해주면
내게 잘사는 것이 돌아옵니다.

자업자득(自業自得)
심은 대로 거둔다는 간단한 인과법칙입니다.

이유야 어쨌든
못된 마음으로 남에게 못된 짓을 하면
내게 못사는 인생이 돌아옵니다.

인과법칙은 더하기 빼기와 같은 간단한 공부입니다.
나쁜 것도 좋게, 좋은 것은 더 좋게 만들어 갑니다.
인과법칙(因果法則)은 자작자수(自作自受; 내가 짓는 그대로 내가 받음)를 말합니다.

이를 아는 이는
당연히 미우나 싫으나 남에게 잘할 수밖에 없습니다.
왜냐하면 그것이 인과법의 지혜이기 때문입니다.
당연한 지혜이나
써보지 않으면 모르는 것이 지혜입니다.

인과법칙의 가르침을 아는 이는
악(惡)함을 항상 두려워하고
항상 선(善)함을 좇아 나가야 함이니
밉고 싫은 이를 밉고 싫어할 수 없습니다.

어쨌든 안 좋은 마음을 떠나야 합니다.
자업자득(自業自得; 자기가 저지른 일의 결과를
자기가 받음)을 잘 알기 때문입니다.

자작자수(自作自受), 자업자득(自業自得)을 아시는
불자님들은 이제 복락(福樂)을 누리는 삶을
만들어 내는 지혜를 앎이니
더 이상 자승자박(自繩自縛; 자기의 밧줄로
자기 몸을 옭아 묶음) 할 일이 없고,
자업자박(自業自縛; 자기가 저지른 나쁜 일의 결과를 자기가
받음) 할 수가 없습니다.

자기가 한 말과 행동에
자기 자신이 얽혀 곤란하게 되거나
자기 마음으로 번뇌를 일으켜
괴로움을 스스로 만들고
이 속에 빠져 더 이상 괴로워할 이유가 없습니다.

인과법으로 인과응보를 벗어납니다.
과(果)에는 반드시 인(因)이 있었음을 먼저 알아야
좋은 인(因)을 심어 좋은 과(果)를 거두게 마련입니다.
이게 삶의 질서이고 삶의 지혜입니다.

(9) 인과법이 창조법

인과법이 창조법입니다.
인과법 따라 좋은 것이든 나쁜 것이든
내 마음 씀에 따라 다 내 몸, 내 인생으로
창조되어 나옵니다.

인과법에 깨어있으면
지금 내 마음이 무엇을 창조하려고 하는지
쉽게 알 수 있습니다.

좋은 것은 좋게, 나쁜 것은 더 좋게
할 수밖에 없는 것이 인과법입니다.

속담에
'미운 사람 떡 하나 더 주라.'는 말이 있습니다.
미운데 떡까지 하나 더 주는 바보가 되라는 말이 아니라
밉기 때문에 떡 하나 더 주라는 지혜의 말씀입니다.

미운 사람을 보고 사는 괴로움에서 벗어나
좋은 사람과 살게 하는 간단한 인과법(因果法)을
쓰라는 말씀입니다.

밉다고 자꾸만 미워하면
내가 내 마음으로 계속 미운 사람을 만들게 됩니다.
내가 미운 사람을 자꾸 만듦이니
나는 미운 사람을 반복하여 계속 만든 과보(果報)로
계속 미운 사람과 함께 살아가야만 됩니다.

그러므로 이 미운 사람과 같이 살기를 끝내고
나를 좋아하는 사람과 살려면 내가 이쁜 짓을 많이
하면 됩니다.

돈은 언제 쓰나요? 필요할 때 씁니다.
빚진 것도 돈으로 끄고 좋은 것도 돈으로 삽니다.

떡[복(福)]은 언제 주나요? 미울 때 줍니다.

더하기 빼기입니다.
미우면 미운 것도 이쁜 것으로 빼고 이쁜 것을 주어야
이쁜 인생이 나타납니다.

'떡 하나 더 주라!'는 속담처럼
내가 잘해주면 미운 사람은 어느새 사라지고
나에게 잘해주는 이쁜 사람이 나타나게 됩니다.

미운 사람에게 떡 하나 주면
이 떡이 '이쁜 사람 씨앗'이 되어 이쁜 사람이 됩니다.
미운 사람에게 일단 이쁜 마음으로
그 사람에게 좋은 것을 하나 주고, 이익되게 해봅니다.

콩 심은 데 콩 나고 팥 심은 데 팥 나는 것은
당연한 일입니다.

미운 아이도 사랑으로 먼저 품에 안고
미운 자식 밥 많이 먹인다는 말처럼
더욱더 사랑해야 합니다.

미운 사람도 외면 말고 쫓아가 인사해야
고(苦)가 사라집니다.

밉다고 고개 돌리면
더 미운 사람과 만나 더 큰 괴로움을 만나게 됩니다.
내 마음에 미움이란 덩어리가 있으니
미운 사람 피한다고 사라지는 것이 아닙니다.
미운 사람 피하려 하지 말고
떡 하나 더 주다 보면 내 마음에 이쁜 마음 생기니
미운 마음 사라지게 됩니다.

인과법(因果法)이
내가 원하는 것을 창조하는 창조법입니다.

일체유심조(一切唯心造)
모든 현실은 분명히 다 자기 마음[지혜]으로
만듭니다.
나만이 아니라 누구라도 그러합니다.
자기 마음으로 자기만의 세상을 만들어 살아갑니다.
나는 최소한 나의 인생
모든 것을 만들어 내는 마음이 있습니다.
그러므로 나는 나의 현실의 모든 것을
만드는 마음을 만들어 낼 수 있습니다.
마음에서.... 마음이 먼저 마음을......
내가 원하는 마음으로 만들어 내야
이 마음으로 원하는 것을 만드는
무형의 에너지[지혜-연료(燃料)]로 사용합니다.

내 마음은 내가 원하는 무엇이든지
만들 수 있는 이러한 창조마음[조심(造心)]이 있습니다.

내 마음은 내 인생의 창조자입니다.
내 호주머니에 돈이 들어있는 것을 확실히 알면
내 호주머니에 돈이 있나, 없나?
믿고 안 믿고를 생각할 필요도 없이
필요할 때 꺼내 쓰면 그만입니다.

즉 내 안에 부처님 지혜[아뇩보리(阿耨菩提)]가
돈처럼 그냥 거기 있는 것을 확실하게 믿으면
그냥 내가 필요할 때 원(願)하는 마음만 바로바로
꺼내쓰면 그만입니다.

그러나 문제는 믿느냐, 안 믿느냐? 입니다.
부처님을 믿는다면서
부처님 말씀을 믿지 못하면
그 믿음은 허망하여 아무런 도움이 안 됩니다.
사실 다 아는 말인데도 자꾸만 잊어버리기에
정작 써야 할 때 안좋은 버릇이 앞서 나와 버립니다.
"콩콩팥팥" "콩콩팥팥" "콩콩팥팥"
자꾸만 외우다 보면 몸이 알아서 좋은 일을 합니다.

부처님 가르침에 대한 신심불역(信心不逆)만 하여도
그 복은 대단히 큽니다.
즉 부처님 말씀을 거스르지만 않아도
그 공덕은 여전히 수승하다는 말씀입니다.

그런데 부처님을 믿고 기원하면서도
자기 마음, 자기 일마저도 그렇게 될까, 안될까? 하며
확신이 없어 합니다.

부처님께 의지하여 기도하면서도
부처님 말씀을 불신(不信)하고 망설인다면
아직은 부처님을 믿는 연습[기도수행]이 부족함입니다.

인생사(人生事) 이왕 다른 뛰어난 방법이 없다면
그냥 한번 부처님 말씀을 믿고
이 부처님 가르침을 따라서
이 마음[지혜; 일체유심조(一切唯心造)]을
믿고 꺼내 써 봅니다.
믿는 것도 연습(練習)이 필요합니다.
연습(練習)이 되면 이 마음이 일순위가 되어
모든 일에서 앞서게 됩니다.
내 마음은 내 것이니, 믿는 것도 내 마음, 내 것입니다.

누구나 울지 않고 웃고 살고 싶습니다.
누구나 웃고 살기를 원합니다.

나에게 부처님 마음[일체유심조(一切唯心造)의
조심(造心); 무엇이든지 만들어내는 마음]이 있습니다.

웃는 인생을 원하면
울지만 말고 바로 웃으면 됩니다.
웃는 마음을 만들어 내면 됩니다.
웃는 마음도 연습(練習)해야 잘 웃게 됩니다.

일이 이런데 어떻게 웃을 수 있냐? 고 하지 마세요!
이것처럼 어리석은 마음이 없습니다.
부처님께서
'마음이 모든 것[현실-물질, 인간관계]을 다 만든다.'
하셨는데 내가 내 마음도, 내 마음인데도
내 마음대로 내가 할 수가 없다고
내가 우기는 것처럼 어리석은 일은 없습니다.

내 마음-웃는 마음이 웃는 일을 만듭니다.
바깥일과 상관없이
사람은 누구나 웃을 수 있습니다.
즉 사람은 누구나 울고 웃는 기능이 있어,
일 따라, 자기 마음 따라 울고 웃습니다.

일 따라 울고 웃지 말고
내 마음에서 먼저 울고 웃을 줄 아는 사람이
되어봅니다.
마음에 웃음의 인(因)이 있으면 언제라도
웃음으로 좋은 열매를 수확합니다.
얼굴은 분명 다 웃을 줄은 아는 기능은 있는데
웃지 못 할 사람은 없습니다.

웃는 지혜가 없는 사람은 없습니다.

울고 웃는 근본기능이 있으니
울 일에도 일단 울지만 말고
한번 웃어보라는 말입니다.

즉 나쁜 일에도 부정적으로만 생각 말고
잘되기를 원하면 긍정적으로 생각해 보아야 합니다.
내 마음인데 자꾸 안 된다고만 말고 된다고도
생각해 봅니다.

된다고 긍정해서 손해 볼 일은 없습니다.
안된다고 부정하다 보면 안 볼 손해까지 찾아옵니다.

그래도 일이 이 판인데
어떻게 웃을 수 있냐고 하지 마세요!
웃을 수 있는 일이 없다 해도,
웃는 마음은 내 마음(지혜)이니
내 웃는 마음(지혜)만 내면 나는 웃을 수 있습니다.

못 웃는 것이 아니라 내가 못 웃겠다고
정하고 안 웃는 것입니다.
그러면 안 웃는 일만 마음에서 원하고 있는 것입니다.
모르는 것은 무지(無知)가 아닙니다.
모르는 그것은 배우면 될 일입니다.
그러나 아는 것을 쓰면 되는 것을
한 번도 안 쓰고 사는 것이 무지(無知)입니다.

무지는 아는 것을 씀으로써 사라집니다.
내가 못 웃겠다고 하는 것도
내가 내 마음으로 만들어서 못 웃겠다고 함이니
내가 만든 마음-못 웃는 마음이
못 웃을 일만 계속 만들어 감입니다.

마음공부를 조금만 해도
내가 원하는 마음을 꺼내 쓸 수 있습니다.

안 될 때는 어쨌든 되는 마음을 꺼내야 합니다.
마음에서 되는 마음을 먼저 만들어야 합니다.
'된다'는 말을 마음속 깊이 삼천번만 외치면
마음에서 '된다'는 마음이 생겨납니다.

어차피 잘돼야 되는 일인데
안되면 어쩌나 하는 마음이 아니라
되든 안되든 '잘된다'는 마음을 가지고 해야
후회는 없습니다.
설령 이번 일이 잘 안되었다 하더라도
다음번에는 이번에 닦은 '잘된다'는 힘을 받아
이번 일을 징검다리 삼아
원하는 곳으로 쉽게 건너갈 수 있습니다.
내 마음은 내가 만들어 냅니다.
마음이 모든 것을 만드는 제일의 조건입니다.
내가 만들어 낸 마음 그대로 현실에 재현되고 있음.
입니다.

이를 먼저 확실하게 알아야
현실상황에 대한 가타부타 여부(與否)를 떠나
마음정리부터 할 수 있습니다.

울면서 웃을 수 있나요?
답(答); 없습니다.

그러면요?
답(答); 울음이 멈춰야 웃을 수 있습니다.

일단 웃으려면 울음을 멈춰야 합니다.

웃기를 원하면서도 계속 운다면
이 울음이 그칠 때까지
일체유심조(一切唯心造)의 조심(造心),
즉 모든 것을 만드는 마음이
우는 마음이니,
우는 마음에 걸맞는 우는 일만 계속해서 생(生)겨나니
병고운고(病苦運苦)의 불운(不運)과 불행(不幸)을
계속 만들어 내게 됩니다.

웃을 일이 있어야 웃는다.(웃을일=웃음)
          ‖
웃으면 웃을 일이 생긴다.(웃음=웃을일)

웃을 일이 있어야 웃는다면
웃으면 웃을 일도 생긴다는 것은
당연한 일입니다.

만약 웃지 않고 계속 슬퍼한다면......
즉 나는 우주(법계)를 향하여
"나에게 불운(不運)하고 불행(不幸)한 일을
 만들어 주세요."
라고 간절히 원하고 있는 것과 같습니다.

그래도 반신반의(半信半疑)
즉 얼마쯤은 그런가? 하기도 하지만
정말 그럴까? 하고 의심이 든다면
다음 이야기를 듣고 한 번 더 생각해 보세요.

내가 욕하는데 내가 기분이 좋을 수 있나요?
또 욕먹고 기분 좋게 가만히 있는 사람이 있나요?
내가 기분 나쁜데 내가 기분 좋을 수 있나요?
내가 나쁜 업을 짓는 순간 나도 너도 기분이 나쁩니다.
나도 너도 기분 나쁜 것으로 하나가 되니 완전하게
기분 나쁜 일만 생겨납니다.

누가 만들었나요? 내가 만들었습니다.

내가 욕하는데 걸맞는 상황이 무엇일까요?
내가 나쁜 업을 짓는데 그 결과가 어떨까요?
좋을까요? 나쁠까요?
한 번만 생각해 보면 다 압니다.
나를 욕하고 때려달라고 사정하는 것과 같습니다.

나의 부정적인 마음을 우주마음이 안다면
나에게 긍정적인 것을 줄까요?
좋은 것을 줄까요?
나를 기분 좋게 만들어 줄까요?
아마도 우주마음은 누구에게나 공평(公平)하여
내가 내는 마음에 딱 맞는 부정적인 현실을
가져다주지 않을까요?

만약 돈 때문에 울다가 웃어만 준다면.........,
일억원을 눈앞에 두고...
지금 당장 우는 사람에게 이 일억원을 준다고 한다면
울음도 금방 그치지 않을까요?

그래도 나는 계속 못 웃겠다고 한다면,
웃지 않는 사람 손가락 하나를 잘라버린다면
그래도 웃지 않을까요?
웃지 못한다면 눈앞의 일억이 사라지고,
내 손가락 하나 사라지는 고통을 받습니다.

이런다면 아마 안 웃는 어리석은 사람은 없겠지요.
계속 울기를 고집한다면
병고운고(病苦運苦)는 사라질 날이 없습니다.
건강과 행복을 원하면 좋은 마음을 써야 합니다.
병고운고(病苦運苦)의 마음을 반대로 바꿔야
건강과 행복이 마음따라 나타납니다.
마음을 바꿔야
건강하고 행복해질 기회라도 있게 됩니다.

기회가 생기는 것이 아니라
마음이 모든 것을 만드니
마음이 바뀌면
마음따라 현상도 변화하기 시작합니다.

울 때는 울 일 만이
웃을 때는 웃을 일만이 만들어집니다.

울음을 그쳐야
울 일이 사라집니다. [업장소멸(業障消滅)]
웃음을 웃어야
웃을 일이 나타납니다. [소원성취(所願成就)]

당연한 '콩콩팥팥' 입니다.

"안 좋은 바깥일이나 내 몸의 병을 보고 웃어라."
가 아닙니다.
안 좋은 일을 보고 웃는 바보나
정신이상자가 되라는 말이 아닙니다.
아파도 마음은 건강할 때처럼 쓸 수 있습니다.
안 좋아도 마음은 좋을 때처럼 쓸 수 있습니다.

"마음의 이치가 울음을 그쳐야 고(苦)가 멈추고
 웃음을 웃어야 락(樂)이 시작된다."
는 지혜의 이야기입니다.

울음[고(苦); 괴로움]은 우는 마음에서 나오고,
웃음[락(樂); 즐거움]은 웃는 마음에서 나옵니다.
웃는 마음이 씨앗이 되어 웃는 일[열매]을 가져옵니다.

즉 간단한 인과법(因果法)의 지혜입니다.
자작자수(自作自受)의 지혜입니다.
자업자득(自業自得)의 지혜입니다.
지금 내가 원하는 마음을 내어 보여야
그렇게 됩니다.

발원은 생각이나 말이 아니라
마음으로 가슴으로 원하는 마음을 내보여야 합니다.

생각은 웃고 싶다고 하면서
계속 울고 있다면
마음은 웃고 있을까요? 울고 있을까요?

마음은 둘이 아니라 하나이기에
한 가지 일순위 마음밖에 쓸 수 없습니다.
웃고 싶다면 우는 마음을 제치고 웃는 마음이
일순위로 나와 웃음을 증명해야 합니다.
이 웃는 긍정적인 마음을 세상 밖에 증명할 때
비로소 웃는 일이 생겨나게 됩니다.

웃음 씨앗[긍정적인 마음]을 심어야
웃을 일[건강행복]을 수확합니다.

마음에 웃는 마음을 만들어 낼 때
이 웃음의 마음[생명(生明)] 에너지가
병고운고(病苦運苦)의 탁한 에너지를 정화(淨化)하고
건강과 행복(웃는 결과)을 불러옵니다.

좋아서 웃으라는 것이 아니라
좋으려고 웃으라는 것입니다.

좋은 열매를 수확하라고 좋은 씨앗을 심으라고
하는 것입니다.

좋으려고 웃는 이는
일체유심조(一切唯心造)의 지혜[조심(造心)]를 아는
불자(佛子)들입니다.
궁극(窮極)에 중생득락(衆生得樂)의 마음을 넘어
부처 마음을 낼 줄 알면
부처의 길[성불(性佛)]을 갑니다.

고(苦)를 락(樂)으로 나아감이
성불의 길로 나아감입니다.
중생고가 다할 때 부처사랑이 나타납니다.
부처님 품 안에서,
부처님의 길 따라가는 불자님들은
자기 마음을 자기 마음대로
올바로 내어서 다 같이 득락(得樂)할 수 있습니다.

일체개고(一切皆苦)는 일체개락(一切皆樂)입니다.
고(苦)가 없다면 락(樂)도 없습니다.
이왕 이 고(苦)가 있다면 이 고(苦)를 방편으로
락(樂)을 얻는 밑천으로 삼아야 합니다.

고(苦)가 왔을 때 락(樂)을 얻는 기회(機會)라고
여긴다면 고(苦)는 아무것도 아닙니다.

일체유심조(一切唯心造)의 만능조심을 아는 불자들은
이제 울다가 웃을 수 있습니다.
웃어야 웃는 일이 만들어지기 때문입니다.
웃는 마음으로 웃을 일을 만들어야 합니다.

소문만복래(笑門萬福來)
웃는 얼굴에 온갖 복이 들어온다는 말입니다.
우는 얼굴에 복이 들어올까요?
웃으면 밑천을 안 들이고 복이 찾아옵니다.
소문(笑門); 웃는 마음이 나에게 만복(萬福)을 맞이하는,
만복(萬福)이 들어오는 마음의 문(門)입니다.

마음에 웃는 달이 떠올라야 합니다.
마음이 웃을 때 지혜의 달이 떠오릅니다.
마음을 소월(笑月) 선방(禪房)삼아
항상 웃는 날이 되시기를 기원드립니다.

건강을 원(願)하면 건강한 마음을
행복(幸福)을 원(願)하면
행복(幸福)한 마음을 먼저 내어 봅니다.

일체유심조(一切唯心造)
내 마음이 모든 것을 만든다.

궁극(窮極)은
부처를 만드는(깨닫는) 길로 가야 하지만
우선은 나의 인생길부터 나아가야 그 길도 갑니다.

그러나 부처님과 나는 한마음이니
부처님 마음을 깨달음이
나의 마음 장애(障礙)를 없애는 길과
다르지 않습니다.

내 마음에 장애(障礙)가 없을 때
부처님 길도 환하게 드러납니다.

그래서 내 인생의 장애(障礙)된 길도
부처님 가르침으로 뚫고 나아갑니다.

일체유심조(一切唯心造)의 조심(造心)을 믿는
뛰어난 불자가 되어
아무리 울고 싶어도 웃는 마음을 내어
웃을 일을 만들어 나아감이
바로 부처님의 조심(造心)을 깨닫는 방편이 됩니다.

즉 괴로울 때 마음공부로
내가 원하는 좋은 마음을 낼 줄 앒이
나(我)만의 방편반야(方便般若)가 되어
도 일체고액(度 一切苦厄)의 반야바라밀다를 행(行)함.
입니다.

이제 그 웃는 마음으로
어떻게 웃을 일을 만들어 갈까요?

이제는 웃는 생명(마음 에너지; 웃고 살 밑천)이 생겼으니
웃는 생명(生明)에너지(마음 밑천)로
웃는 일을 만들어야 합니다.

웃는 일[현실(現實)]도,
웃는 마음으로 마음에서 먼저 만들어져야
현상현실에 그대로 나타납니다.

어떻게 그 웃는 마음을 쏠까요?
어떻게 그 웃는 마음으로 현실(現實)을 만들까요?

마음이 현실의 모든 것을 만든다.
마음이 현실로 못 만들어 내는 것은 없다.
마음에서 어떻게 만들어야 할까요?

화엄경 사구게(華嚴經 四句偈)

심여공화사 능화제세간 오온실종생 무법이불조
心如工畫師 能畫諸世間 五蘊實從生 無法而不造

마음은 그림을 그리는 화가(畫家)와 같아
능(能)히 모든 세상일을 다 그려낸다.
(만들어낸다. 창조한다)

오온(五蘊)이 다 마음으로부터 나와
무엇이든지 다 만들어 낸다(창조한다).

무법이불조(無法而不造);
'못 만들어 내는 것이 없다.' 는 것입니다.
내마음이 그림을 그리는 화가처럼 무엇이든지
다 현실에 그려낸다.는 말씀입니다.

부처님 그림까지는 어렵고 힘들다 하여도
내 인생에서 내가 원하는 그림 정도는
마음공부[기도,수행]를 통해서
원하는 그림을 잘 그려낼 수 있습니다.

이미 그러한 공부[기도,수행]를 해오고 계시는
불자님입니다.

오온(五蘊)은 내 마음의 창고입니다.
내 창고에 원하는 재료가 다 구족합니다.
내 마음 = 그림 그리는 화가
즉 내 마음이 나의 세간[인생현실]을 다 그려내는,
만들어 내는, 창조하는 창조자입니다.

세간을 만들어 내는 재료가 오온(五蘊)으로
오온(五蘊)이 다 마음으로부터 나옵니다.
즉 내 마음 따라서 어떤 내 인생현실화의 재료든
다 가져다 쓸 수 있습니다.

즉 바깥이나 다른 사람이 아니라
내 안에 내가 원하는 세상을 살아갈 온갖 재료들을
가득히 담고 있다는 말씀입니다.
그림을 그려낼 재료는 충분하니 이제는
그림을 그려내는 연습만 하면 됩니다.

이 오온을 방편으로
궁극은 부처의 길까지 나아갑니다.
행심 반야바라밀다시 조견오온개공 도 일체고액

나는 이 오온을 통하여
오온개공의 부처의 길까지 가기는 힘들어도
가는 만큼 괴로움이 사라집니다.

내가 원하는 그림을 마음가운데 그리기 시작하면
원하는 그림이 마음에 나타나고 나에게
그동안 괴로움을 주고 있었던 일들이 사라져 갑니다.
두 작용이 따로가 아니라 하나입니다.
발원의 시작은 원하는 그림을 현실에 그려내겠다는
발심으로부터 입니다.
발원을 시작하면 고통과 고난은 사라지기 시작합니다.
발복심(發福心)으로 오온의 마음창고에서
필요한 재료를 준비하기 시작합니다.

내가 내는 마음이 다 오온(五蘊)에 속합니다.
내가 내는 마음으로
나의 현상의 모든 것(현실)을 창조합니다.

오온을 어렵게 생각 말고 내가 살아가는 모든 일의
바탕[재료]이며 내가 오온덩어리[중생(衆生)]라고
일단 생각합니다.

이미 내가 내 인생을 그리는 재료(材料; 오온)는
내 안에 다 있음이니 내가 원하는 그림을,
마음 공간을 그림 그리는 종이로 삼아 그려봅니다.
마음의 붓질은 상상(想像)으로 합니다.
종이에는 붓으로 하나씩 그림을 그려나가지만
마음 그림은 상상(想像)으로 바로바로 그려봅니다.
물론 처음에는 쉽지가 않습니다.
그러나 마음에서 먼저 내가 원하는 그림이 완성되어야
그 그림대로 현실에 나타나게 됩니다.

마음이 그린대로 무법이불조(無法而不造)
즉 현실에 못 만들어 내는 것이 없습니다.

마음공간(백지)에 그리는 나의 그림은
원(願)하는 상(相)만을
내 마음대로 그리기만 하면 됩니다.

웃는 일[웃는 그림; 웃는 현실]은
웃는 마음[웃는 생명]으로 그립니다.
기쁜 일[기쁜 마음; 기쁜 현실]은
기쁜 마음[기쁜 생명]으로 그립니다.

마음생명이 그 그림을 그리는[창조(創造)하는]
에너지입니다.
선(禪; 善; 고요-적멸)한 마음은 만능(萬能)
창조적 생명에너지입니다.

슬플 때 슬픈 얼굴과 슬픈 생각과
슬픈 말과 슬픈 행동만 나오듯
기쁠 때 기쁜 얼굴과 기쁜 생각과
기쁜 말과 기쁜 행동만 나오듯
마음에서 그리는 그림도
내 마음이 만들어 내는 생명(에너지)따라
보이기도 안 보이기도,
잘 그려지기도 안 그려지기도 합니다.

마음생명[발원성취심]이 한결같아야 합니다.

마음그림은
마음 생명(生明)을 놓치지 않고 그려야 합니다.

좋은 그림(발원)은 좋은 마음(긍정)으로 그립니다.

내가 발심[發心; 발원성취된 마음; 인(因)]의 마음을
놓치지 않아야 마음그림(발원상) 그리기가 쉬워집니다.

마치 정밀한 그림을 그리는 사람이
한 생각 딴 곳에 두고 붓질을 하면
그림을 망치는 것과 같이 마음그림도 마음이
발원에서 멀어지면 그림은 잘 그려지지 않습니다.

집중이 중요합니다.
집중도 연습입니다.

'돌아오기'를 반복해서 하다 보면 집중이 됩니다.
발원그림의 성공 여부는
발원그림 그리는 집중도에 달려있습니다.

실제 화가(畫家)도
아름다운 꽃을 그릴 때는
아름다운 마음에 집중하여 그림을 그립니다.
아름다운 마음에 집중이 안 된다면
꽃을 그려도 아름다운 생명이 있는 꽃을
그리는[창조하는] 사람이 아니라
생명(生明)이 없는 조화(造花)그림이나 같습니다.

그래서 정직하고 훌륭한 예술가들은
완성된 자기 작품(作品)을 보고
자기가 부여한 생명이 느껴지지 않는다면
남이 아무리 좋다고 하고 아까워해도
도자기를 깨부수거나 그림을 찢어 버리는데
서슴지 않습니다.

인생은 내가 만든 내 인생입니다.
내 마음에 안 든다고 깨버릴 수도,
찢어 버릴 수도 없습니다.
되돌릴 수 없는 게 인생입니다.

그러나 마음에서는
수십 번 반복하여 수정을 하고 완성된 그림을
결국 성공(成功)할 수 있습니다.

현실처럼 업과 시간을 들이지 않고도
완성할 수 있습니다.
마음에서는 현실에서 안 되는 일도
성공할 수 있습니다.
마음에서 그린 그림의 생명을 지니고 살다 보면
그 그림은 시간 따라 그대로 현실화가 됩니다.
꿈처럼 현실그림으로 나타납니다.

그러나 현실에서는
'이제는 안 미워해야지' 해도
막상 만나면 그렇게 쉽게 되지 않습니다.

그러나 마음에서 수없이 반복하여
마침내 그 사람을 잘 대해주는
나의 그림이 완성되면
나는 현실에서 곧바로 그렇게 할 수가 있습니다.

마음이 현실창조자입니다.
마음에서 먼저 만들어져야 몸이 알아서
마음에서 만든 대로 업을 지어갑니다.

마음에서 된 것을 몸이 현실로 드러내면
아마도 그 사람은 '저 사람은 또 그러겠지~'
하고 만났다가도
나의 변한 모습에 깜짝 놀랄지도 모릅니다.
나 역시도 그렇게 변한 나의 모습을 보고
나도 좋아할지도 모릅니다.
좋은 것은 나도 좋고, 그 사람도 좋고
좋은 일을 불러옵니다.

그게 행복입니다.
그게 사랑입니다.
이처럼 물질현상도 마음에서 그림이 완성되면
현실로 원만히 드러납니다.

마음을 바꾸면 몸은 저절로 알아서
내 마음을 따라갑니다.
마음공부는 내 마음 상태를 먼저 알아보고
내 마음을 원하는 마음으로 변화시킵니다.

마음에 없는 것은 나타나지 않습니다.
마음에 있는 것은 몸으로 나타납니다.
마음에 지닌 말이 그대로 현실로 나오게 되어
현실을 만들어 갑니다.

내가 심여공화사(心如工畫師)의
화사(畫師; 마음화가-마음창조자)입니다.

즉 내가 마음그림을 그리는 화가
(畫家; 모든 것을 그려내는 사람)인 줄 몰랐다면
즉 내 마음이 내 몸과 내 인생을 창조하는.....
만들어 내는 줄을 몰랐다면
인생 변환은 거의 불가능한 일입니다.

내가 내인생의 그림을 그려내는 화가인 줄 아는 사람은
잘못된 그림을 가지고 무어라 하지 않습니다.
다시 그리면 되기 때문입니다.
내 마음에 들 때까지..... 될 때까지......
마음에서 그리기를 반복하면 됩니다.

심여공화사(心如工畫師) 무법이불조(無法而不造)
마음은 현실공간에 그림을 그려내는 화가와 같아
자기마음 따라 무엇도 못 그려냄이 없습니다.

지금 현실운명도 다 내가 그려낸 그림들입니다.
누가 그린 그림 속의 내가 아니라
내가 내 마음으로 그려낸 내 그림 속의 나입니다.

나는 내 마음으로 현상현실을 현실적으로 창조하는
무엇이든 그려내는 신통한 화가입니다.
불자(佛子)들은 마음 그림을 그릴 줄 아는
마음 화가입니다.

불자(佛子)님들은 부처님을 스승으로 두어
행복하신 분들입니다.
왜냐하면 부처님 가르침으로
내가 내 행복을
스스로 창조하는 사람인 줄 알았기 때문입니다.

마음그림은 나의 업으로 현실화됩니다.
마음에 그린 그림이 아무리 아름다워도 내가 짓는 업이
추하면 추한그림이 나타납니다.

아무리 부자가 되는 그림을 잘 그렸더라도
짓는 업이 부자 아닌 업을 짓게 되면
부자 되는 길은 멀어지거나 마냥 제자리입니다.

또한 건강한 그림을 마음속에서는 잘 그렸다 하더라도
짓는 업이 마냥 부정적인 업이라면
건강하게 되는 길은 뒷걸음치게 됩니다.

업은 짓는 업도 중요하지만 받는 업도 중요합니다.
자기 좋은 일을 원하는 발심의 좋은 마음을
해치는 마음은 발원성취의 길로 나아가는데 스스로
장애와 역경을 만들어 내게 됩니다.

인생은 주고받음입니다.
짓는 업에서나 받는 업에서 나쁜 마음 나쁜 업을
짓지 않아야 그만큼 장애가 없고 역경을 피해갑니다.

마음을 먼저 살피고 내가 짓고 받는 업을 그때그때
챙겨가며 알아차려 봅니다.
일체유심조(一切唯心造)의 조심(造心); 창조생명
심여공화사(心如工畵師)의 화사(畵師); 창조지혜

나는 이러한 조심(造心)을 가진 화사(畵師)입니다.
마음으로 그림을 그리는 화가입니다.

이와 같이 나는 들었다.
어느 때 부처님께서 사위국 기수급고독원에 계셨다.

그때 젊은 바라문 빈기가(賓耆迦)가
부처님께서 계시는 곳으로 찾아가
부처님을 마주 대하고 서서 추악하고 착하지 않은
말로 성을 내며 꾸짖었다.

그러자 세존께서 젊은 빈기가에게 말씀하셨다.
"만약 어느 좋은 날에 너는 너의 종친(宗親)과
 권속(眷屬)들을 모을 수 있겠느냐?"

빈기가(賓耆迦)가 부처님께 아뢰었다.
"그렇게 할 수 있습니다. 구담이시여."
부처님께서 빈기가에게 말씀하셨다.

"만일 너의 종친들이 음식을 먹지 않으면
 어떻게 하겠느냐?"

빈기가가 부처님께 아뢰었다.
"먹지 않으면 그 음식은 도로 제 것이 될 것입니다."

부처님께서 빈기가에게 말씀하셨다.
"너도 그와 같다.
 여래의 면전에서 추악하고 착하지 않은 말로 욕하고
 꾸짖었다.
 내가 끝내 받아 주지 않는다면 그 꾸짖음이
 누구에게로 돌아가겠느냐?"

빈기가가 부처님께 아뢰었다.
"그렇습니다. 구담이시여,
 그가 비록 받지 않더라도 또다시 준다면
 곧 준 것이 될 것입니다."

부처님께서 빈기가에게 말씀하셨다.
"그와 같은 것은 서로 준 것이라고 말하지 않는다.
 그런 것을 어떻게 주었다고 말할 수 있겠느냐?"

빈기가가 부처님께 말씀드렸다.

"어떤 것을 다시 주었다고 하고,
 어떤 것을 주었는데 받지 않았다고 하며,
 어떤 것을 준 것이 아니라고 합니까?"

부처님께서 빈기가에게 말씀하셨다.
"만일 어떤 사람이
이와 같이 꾸짖으면 꾸짖음으로써 갚고,
성내면 성냄으로써 갚으며,
때리면 때림으로써 갚고,
싸우면 싸움으로써 갚는다면,
그것은 준 것이 되고 또한 받은 것이 된다.

빈기가야, 혹 꾸짖어도 꾸짖음으로써 갚지 않고,
성내어도 성냄으로써 갚지 않으며,
때려도 때림으로써 갚지 않고,
싸워도 싸움으로써 갚지 않는다면
그것은 준 것도 아니요, 받은 것도 아니라고 하리라."

빈기가가 부처님께 아뢰었다.
"구담이시여, 오래도록 엄숙하게 도를 닦은
 옛날 바라문 장로(長老)들의 말씀에 따르면
 '여래·응공·등정각은 면전에서 욕하고 성내며
 꾸짖어도 성내지 않는다'고 저는 들었습니다.
 그런데 지금 구담께서는 성내고 계시지 않습니까?"

그때 세존께서 곧 게송을 설하셨다.

성낼 마음 없는데 무슨 성냄이 있으랴.
바른 생활로 성냄을 항복 받고
바른 지혜로 마음이 해탈하였으니
지혜로운 사람은 성냄이 없느니라.

성냄으로써 성냄을 갚는 사람
그는 바로 나쁜 사람이니라.
성냄으로써 성냄을 갚지 않으면
항복 받기 어려운 적을 항복 받으리.
성내지 않는 것은 성내는 것을 이기고
착한 것이 성내는 것을 이기며
착하지 않은 사람을 착한 사람이 항복 받네.
은혜로 베푸는 것이 간탐을 항복 받고
진실한 말은 거짓말을 무너뜨린다.

꾸짖지 않고 사납지도 않으며
언제나 현성(賢聖)의 마음에 머물면
악한 사람 성내는 곳에 머물더라도
마치 돌산처럼 움직이지 않으리.

화가 치밀 때 잘 제어하는 것은
미친 말이 끄는 수레를 제어하는 것 같네.
내가 말하는 선어사(善御士)라는 것은
말고삐나 잡는 사람을 말하는 게 아니네.

그 때 젊은 빈기가가 부처님께 아뢰었다.
"참회합니다. 세존이시여,
　너무나도 어리석고 어리석어서 분별하지 못하고
　착하지도 못해서 구담(瞿曇)을 면전에서 꾸짖고
　욕하였습니다."
그는 부처님의 말씀을 듣고 기뻐하면서 예배하고
떠나갔다.

2. 마음

2. 마음

1) 마음 그대로 부처

화엄경(華嚴經)에
심불급중생 시삼무차별
心佛及衆生 是三無差別

'마음과 부처와 중생, 이 셋은 차별이 없다.'
하였습니다.

부처님이나 중생의 마음은 차별이 없습니다.
즉 똑같습니다.
마음=부처=중생
즉심시불(卽心是佛); 마음 그대로 부처입니다.

이 마음자리에서는 부처와 중생이 하나입니다.
마음은 중생의 경우나 부처의 경우나
그 자체는 다름이 없어서
이 마음이 그대로 부처라는 말입니다.

모든 부처와 더불어 일체중생은 오직 마음이요,
다른 법이 없습니다.

내 마음이 모든 것을 지어냅니다.
부처는 이 마음[조심(造心; 창조하는 마음)]으로
부처지혜를 나툽니다.

중생도 이 마음으로
중생지혜를 가지고 살아갑니다.
부처나 중생이나 마음 밖에는 아무것도 없습니다.

부처마음은 법계성이고 중생마음은 중생심입니다.
부처가 있고 중생이 있어 마음이라 하지
부처도 없고 중생도 없으면 마음도 없습니다.
마음은 실체가 없는 공(空)입니다.
부처와 중생이 모두 공(空)하다 하여도
공(空)조차도 없습니다.

모든 중생은 이 마음을 가지고 중생마음을 일으킵니다.
모든 부처는 이 마음을 가지고 부처마음을 일으킵니다.

중생이 부처마음[아뇩다라삼먁삼보리]을 쓰면
부처입니다.
곧 나란 나(我)는 사라집니다.
부처마음은 적멸상(寂滅相)입니다.

마음에서 일체법[현상]이 나옴이니
마음이 일체법(一切法)이고 여래(如來)입니다.
마음이 일체법(一切法)이고 불법(佛法)입니다.

일체법(一切法)이 불법(佛法)입니다.
불법(佛法)이 일체법(一切法)입니다.

불법(佛法)은 무엇도 흔적이 없음이니
제법무아(諸法無我)입니다.

일체법(一切法)은 아(我)도 없고, 인(人)도 없고,
중생(衆生)도 없고, 수자(壽者)도 없다고 하느니라.
하셨습니다.

잠자는 이의 마음을 가지고
꿈속의 모든 중생이 이 마음을 쓰고 삽니다.

중생마음에서 깨어나면 부처마음 뿐입니다.
중생마음 그대로가 부처마음 뿐입니다.

부처님 당시 사위성(舍衛城)에는 훌륭한 바라문 학자가
500명의 제자들을 가르치고 있었다.
그 가운데서도 아힘사(不害)라고 하는 제자는 체력도
강하고 지혜도 뛰어날 뿐더러 그 용모도 아주 단정한
젊은이로서 스승의 두터운 신망을 받고 있었다.

어느 날 바라문이 집을 비우고 나간 사이에
바라문의 아내는 젊고 늠름한 아힘사를 자기 방으로
불러들여 유혹하려고 하였으나
아힘사는 침착하게 말하기를
"스승의 아내는 어머니와 같습니다.
 그런 일은 생각조차 할 수 없습니다"하고 거절하였다.

　바라문의 아내는 젊은 제자에게 연정을 품었다가
　창피를 당한 것이 분해서
　자기 손으로 입고 있던 옷을 찢고
　머리카락을 어지러이 하여 자리에 누웠다.

남편인 바라문이 돌아와 이상히 여겨 그 까닭을 물으니
"당신께서 가장 신망하는 제자 아힘사가
 당신이 나간 사이에
 내 방에 들어와 욕을 보이려다가 내가 반항을 하자
 이렇게 옷을 찢고……"하면서 흐느끼는 것이었다.

바라문은 속으로 분노가 치밀어 아힘사를 파멸시켜
버릴 방법을 생각하고는
자기 방으로 아힘사를 불러 이렇게 말했다.
"너의 학문은 이제 거의 완성단계에 이르렀다.
 마지막으로 한 가지 일만 마치면 비법(秘法)을
 전해주겠다."

영문을 모르는 아힘사가 이 말을 듣고 기뻐하며
"스승님께서 시키시는 일은 무슨 일이라도
 하겠습니다." 하고 다짐을 하니
바라문은 벽장에서 한 자루의 칼을 내어주면서
"지금 당장 거리에 나가서 백 명의 사람을 죽이고
 한 사람한테서 손가락 한 개씩을 잘라내어
 목걸이를 만들어 돌아오너라. 그것으로써 너의
 학문은 완성되는 것이다." 라고 말하는 것이었다.

아힘사는 칼을 받아 들고 몹시 고뇌했으나
스승의 명령을 절대적인 것으로 믿었던 그는 마음을
단단히 먹고 거리로 뛰쳐나갔다.
그리고 상대를 가리지 않고 닥치는 대로
사람을 죽여 손가락을 잘라 모았다.

손가락을 잘라내어 목걸이를 만든다는 뜻에서
사람들은 그 살인마를 "앙굴리말라(指鬘)"라고
불렀다. 앙굴리(Anguli)는 손가락, 말라(Mala)는
목걸이라는 뜻이다.

거리에 탁발을 나갔던 비구들이 기원정사로 돌아와
부처님께 그 일을 알렸다.
부처님은 곧 탁발할 준비를 갖추고 거리로 나가셨다.
많은 사람들이 "부처님 그 길로 가시면 안 됩니다.
그 길에는 앙굴리말라라는 무서운 살인마가 있어
닥치는 대로 사람을 죽입니다."하고 만류하였으나
부처님은 "내게는 두려움이라는 것이 없소."라고
말씀하시면서 살인마가 날뛰는 거리로 나아가셨다.

살인마 앙굴리말라는 드디어 아흔 아홉 사람을 죽이고
한 사람만 더 죽여 목걸이를 완성하기 위해 사람을
찾아다녔다.
그때 그의 어머니가 소문을 듣고 자기 자식을
찾아왔다.
살인마는 눈이 뒤집힌 나머지 자기 어머니마져
죽이려 달려가는데 저 편에 부처님의 모습이 보였다.
살인마는 어머니를 젖혀 두고 부처님을 쫓아가며
부르짖었다.
"꼼짝 말고 거기 섰거라 정반왕의 태자야! 내가 바로
앙굴리말라이니 손가락을 내게 바쳐라."
부처님은 걸음을 멈추고 돌아서서 앙굴리말라를
바라보셨다.

그는 부처님의 자비스럽고 위엄 있는 모습을 대하자
조금 전까지의 살기가 순식간에 사라져 버렸다.
이때 부처님은 조용히 말씀하셨다.
"앙굴리말라 나는 지금 이렇게 서있다.
 너는 어리석어 무수한 인간의 생명을 해쳐왔고
 나를 해치려 하지만
 나는 여기 이렇게 있어도 마음이 평온하다.
 너를 가엾이 여겨 여기에 왔다.
 내가 이제 너에게 지혜의 칼을 다시 주리라."

이 말을 듣자 앙굴리말라는 문득 악몽에서 깨어나
제정신으로 돌아왔다.
마치 시원한 물줄기가 치솟아 오르는 불길을
꺼버리듯이 그는 피 묻은 칼을 내던지고
부처님 앞에 꿇어 엎드려 참회의 눈물을 흘렸다.
"부처님 저의 어리석음을 용서해 주십시오. 그리고
 저를 제자로 받아 주십시오."

그는 부처님을 따라 기원정사에 가서 설법을 듣고
지혜의 눈을 뜨게 되었다.
이튿날 앙굴리말라는
바리때를 들고 거리로 밥을 빌러 나갔다.
그가 나타났다는 소문을 듣고 거리의 사람들은
두려움에 떨었다.
그가 밥을 빌고자 찾아간 집의 부인은 해산하기 위해
산실에 들었다가 그가 왔다는 이야기를 듣고 너무 놀란
끝에 해산을 못하고 말았다.

그 집 사람들에게 무서운 저주를 받은 앙굴리말라는
빈 바리때를 들고 기원정사로 돌아와 눈물을 흘리면서
부처님께 도와주기를 호소했다.

부처님은 이렇게 말씀하셨다.
"앙굴리말라, 너는 곧 그 집에 가서 여인에게
 '나는 이 세상에 난 뒤로 아직 산 목숨을 죽인 일이
 없습니다. 이 말이 사실이라면 당신은 편안히
 해산할 것입니다.' 라고 하여라."

앙굴리말라는 놀라서 말했다.
"부처님 저는 아흔 아홉 사람의 목숨을 빼앗았습니다."
"도(道)에 들어오기 전은 전생이다.
 세상에 난 뒤라는 말은 도를 깨친 뒤를 말한다."

그는 곧 그 집에 가서 부처님이 시킨 대로 했더니
부인은 편안히 해산을 했다.

그러나 그에게 원한이 있던 사람들은
돌과 몽둥이를 들고 나와 그를 치고 때렸다.
온몸이 피투성이가 되어 겨우 기원정사로 돌아온 그는
부처님께 여쭈었다.

"부처님, 저는 원래는 남을 해치지 않는다는
 뜻에서 아힘사(不害)라는 이름을 가졌으면서
 어리석은 탓으로 많은 생명을 죽였습니다.
 그리고 씻어도 씻기지 않은 이름을 얻었습니다.

그러나 이제는 부처님께 귀의하여 깨달음을
얻었습니다.

소나 말을 다루려면 채찍을 쓰고 코끼리를 길들이려면
갈고리를 씁니다.
그런데 부처님께서는 채찍도 갈고리도 쓰지 않으시고
흉악한 제 마음을 다스려 주셨습니다.

저는 오늘 악의 갚음을 받았고,
바른 법을 들어 청정한 지혜의 눈을 떴으며,
참는 마음을 닦아 다시는 다투지 않을 것입니다.
부처님, 저는 이제 살기도 원치 않고 죽기도 바라지
않습니다.

다만 때가 오기를 기다려 열반에 들고 싶을 뿐입니다"

부처는 마음입니다.
즉심시불(卽心是佛) 곧 마음이 부처입니다.
시심작불 시심시불(是心作佛 是心是佛)
이 마음이 부처를 짓고 이 마음이 부처입니다.
부처마음 = 조심(造心)
중생마음 = 작심(作心)
부처마음은 지어도 받을 것이 없고
중생마음은 지어서 받는 마음입니다.

불성(佛性; 부처마음)은
중생심의 생명활동의 바탕입니다.

중생의 마음뿐만 아니라
일체현상의 생명작용 근원이 되는
창조생명[조심(造心)]입니다.
창조생명(創造生明)임과 동시(同時)에
창조지혜(創造智慧)입니다.

아뇩다라삼먁삼보리(阿耨多羅三藐三菩提)
불성(佛性)은 법계(法界)의
창조지혜이며 창조생명입니다.
모든 중생(衆生)도 다 이 불성(佛性)을 지니고 있습니다.

(여래장경)
지혜(智慧)의 눈으로 일체중생을 관찰(觀察)하니,
비록 일체중생(一切衆生)이
수많은 번뇌(煩惱)로 가득 차 있지만
여래장(如來藏)이 있어 청정(淸淨)하며,
덕상(德相)을 온전히 구족하고 있으니,
바로 여래(如來)인 나와 더불어 다를 바 없구나.

주리반특가는 형인 마하반특가가 매우 총명한데 비해
선천적으로 우둔했습니다.
형을 따라서 불제자가 되었지만
"향기가 좋은 진분홍 연꽃이 새벽에 꽃이 피어
 향기를 내는 것처럼
 세상을 두루 비추시는 부처님을 보라,
 하늘에 빛나는 태양과 같이" 라는
 한귀절을 4개월 걸려도 암기하지 못했습니다.

어떻게 해서든 한 사람의 수행승으로 만들려고 노력한
형인 마하반특가는 더 이상 참을 수 없자
너무나 우둔한 동생을 정사에서 쫓아내 버렸습니다.
길에서 어떻게 해야 좋을지 모르고 당황해 하는
주리반특가를 보고
그 사실을 알아차린 것은 부처님이셨습니다.

"주리반특가여,
 너는 지금 어디로 갈려고 하느냐?"
 부처님께서 이렇게 묻자 형이 더 이상 돌봐주지
 않고 쫓아 낸 사실을 말하자 부처님께서는
"주리반특가여, 너는 나를 쫓아서 출가한 것이다.
 형에게 추방되었다면
 왜 내가 있는 곳으로 오지 않았느냐?
 자 내가 있는 곳으로 가자." 고 말씀하시고
정사로 데리고 돌아와 부처님 방 앞에 앉히고
한 장의 헝겊을 주면서 다음과 같이 가르치셨습니다.

"주리반특가여,
 너는 여기에 머무르면서 동쪽을 향해
 '먼지와 더러움을 없애자' 고 말하면서
 이 헝겊을 문질러라."

주리반특가는 부처님이 시킨 대로 거기에 앉아서
태양을 우러러 보면서
"먼지와 더러움을 없애자, 먼지와 더러움을 없애자" 고
 말하면서 헝겊을 계속해서 문질렀습니다.

이렇게 하는 가운데 그가 손에 들고 있던 헝겊은
완전히 더러워져 버렸습니다.

주리반특가는 이 헝겊을 보면서
'이 헝겊은 부처님께서 처음 주셨을 때는
손때도 없이 새하얀 것이었다.
그런데 나 때문에 이렇게 더러워져 버렸다.
제행이 무상하다고 한 것은 이런 것을 두고 말한 것일
것이다.' 라고 생각하게 되었습니다.

이와 같은 그의 마음의 움직임을 알아차리신 부처님은
곧바로
"주리반특가여, 이와 같은 헝겊에만 먼지나 더러움에
물든 것이라고 생각해서는 안 된다.
인간의 마음속에 있는(번뇌의) 먼지나 더러움을
없애는 것이 더욱 중요하다." 고 설하시자
주리반특가도 부처님께서 가르치려고 하는 의도를
바로 이해해서 결국에는 아라한이라 불리는 성자의
지위에 올랐습니다.
선천적으로 우둔했던 주리반특가는 성자의 지위에
오르고 나서는 많은 신통력을 보였다고 합니다.

응관법계성(應觀法界性)
법계의 성품[본성(本性)]을 관(觀)하라.

일체유심조(一切唯心造)
'모든 것은 오직 마음이 지어(만들어)낸 것'이다.

불교는 일체유심조(一切唯心造)의 마음 하나로
다 설명될 수 있습니다.
중생심(衆生心)의 근저(根底)에는 오온(五蘊)이 있어
여기에서 모든 중생마음을 다 만들어 냅니다.
중생심은 오온(五蘊)과
오온(五蘊)을 작용(作用)하는 마음의 생명(生明)
[작심(作心)]이 있습니다.

중생(衆生)이 오온당체(五蘊當體)이며
오온(五蘊)의 생명(生明)입니다.

오온(五蘊);
색온(色蘊) 수온(受蘊) 상온(想蘊) 행온(行蘊) 식온(識蘊)

오온개공(五蘊皆空)
색수상행식(色受想行識)-오온(五蘊)이
모두 실체가 없는 공(空)입니다.

제법공상(諸法空相)

일체법이 공상(空相)이니 불생불멸(不生不滅),
불구부정(不垢不淨), 부증불감(不增不減)입니다.

공(空) 가운데 일체 무(無)입니다.
모든 것은 제행무상(諸行無常)하여
실체가 없습니다[제법무아(諸法無我)].

다 나타났다 사라지는 현상의 나일 뿐입니다.

2) 중생성(衆生性); 오온(五蘊)

중생(衆生)-업식(業識)-바탕.
모든 삶의 현상을 일으키는 재료(材料)가
내 안에 보이지 않는 오온(五蘊)입니다.

나의 의식작용 따라
내 몸으로 내 마음으로 내 인생에 나타납니다.
업식(業識)은 중생심이 밝지 못하여 망념이 일어나 업이
움직이는 첫 모양을 업식(業識)이라 합니다.

중생의 마음특성을 크게 10가지 정도로 들어보면
다음과 같습니다.

① 다양성(多樣性).
마음에는 마치 백과사전의 단어처럼 수많은
현상요소들이 존재(存在)합니다.
원하는 몸과 마음, 운명을 자유자재로 만들 재료가
무엇이든 이미 존재하고 있습니다.

② 다중성(多重性).
한 가지 일에도 시시때때로
수많은 마음이 복잡하게 작용(作用)을 합니다.

③ 이중성(二重性).
선악(善惡), 증애(憎愛), 노희(怒喜), 고락(苦樂),
손익(損益) 등 분별(分別)로 언제라도 나만의 자유의지로
자유선택할 수 있는 두 가지 상(想)이 있습니다.

④ 선택성(選擇性).
이럴까, 저럴까? 갈까, 말까? 할까, 말까?
해야 하나, 안 해야 하나? 등
모든 결정은 순수한 자기 몫이고 자기 책임입니다.

⑤ 전이성(轉移性).
마음은 스스로 지옥에서 불(佛)세계까지
십법계를 왕래(往來)합니다.
길흉화복(吉凶禍福) 빈부귀천(貧富貴賤) 흥망성쇠(興亡盛衰) 등
이고득락(離苦得樂)을 오가며 살아갑니다.

⑥ 순간성(瞬間性).
빛은 속도가 있어도 마음은 속도가 없습니다.
마음 가는 대로 즉시(卽時)입니다.
기도하는 순간 기도는 즉시 발현합니다.

⑦ 동시성(同時性).
마음은 인과동시(因果同時)로 내는 순간
그 마음이 곧바로 현실(現實)에서 생겨납니다.

⑧ 인과성(因果性).
마음에서 일으킨 것은
반드시 마음에서 결과를 맺습니다.
마음이 시작한 일은 반드시 마음으로 돌아옵니다.

⑨ 연기성(緣起性).
인연과(因緣果)로 인(因)에서 과(果)가,
과(果)가 인(因)으로 생성소멸되는
끊임없는 반복순환 연(緣)-과정(過程)이 있습니다.

⑩ 창조성(創造性).
마음은 무(無)에서 유(有)를 만들어 냅니다.

3) 내 마음은 내가 낸다[생(生)]

내가 내고 사는 마음은 수없이 많습니다.
똑같은 마음을 내는 것 같아도
똑같은 마음을 두 번 다시 내지 못합니다.

똑같은 마음 같아도
다 그때그때 현상과 마음 따라 내는
마음의 질(質)과 양(量)이 다릅니다.
마음을 내지 않는다면 아무런 일도 없습니다.
아무것도 없습니다.
눈에 보이지 않는 마음이
눈에 보이는 현상을 만듭니다.

이쁜 사람도 미운 사람도
그 사람에 대하여 마음을 내지 않는다면
없는 사람처럼 아무런 생각이 없습니다.

마음을 내는 순간 그 마음이 현실로 드러납니다.
마음을 아무리 내어도
그 마음은 찾을 수도, 알 수도 없습니다.
그러나 내가 이쁜 사람, 미운 사람이라고
마음을 내는 순간 내 마음에서도, 그 사람도
이쁜 사람, 미운 사람으로 창조됩니다.

내가 마음을 내지 않을 때는
내 마음에도, 그 사람도 이쁘고 미움이 없습니다.

이쁜 사람, 미운 사람은 내가 내 마음으로 창조합니다.
내 마음으로 그 사람을
그때그때 그렇게 창조하여 봅니다.

그 사람은 내가 싫고 좋은 마음을 내는 대로
내가 싫다, 좋다 만들어 내고
나는 내가 만든 이쁜 사람, 미운 사람과
함께 살아갑니다.

세 며느리가 있었습니다.
첫째며느리는 명절 때마다 일찍 가서 음식준비를 하고,
둘째며느리는 당일만 와서 밥만 먹고 갑니다.
셋째며느리는 첫째며느리 말을 잘 들으면서 와서
음식준비를 합니다.
그런데 둘째며느리는 명절 당일 날만 와서 밥만 먹고
가는데 이것저것 다 챙겨갑니다.

첫째며느리 눈에는
둘째는 미운사람, 셋째는 이쁜 사람으로
매 명절 때마다 그 일 가지고 화를 내기도 하고
괴로워하면서 명절을 보냅니다.
누가 명절을 괴롭게 만들고, 즐겁게 만드는 것일까요?
그렇게 하려고 명절을 보낸 것은 아닐 것인데
내가 그렇게 정하고 내가 그렇게 지어가고 있습니다.

모든 사람이 다 그렇게 자기 마음으로
자기 마음대로 보고 살아갑니다.
나는 너를 좋다 싫다 창조하는 창조주고
너 또한 나를 그렇게 창조(創造)하는 창조주입니다.
이렇듯 내 몸과 내 운명을
내가 쉼없이 내 마음으로 창조해 냅니다.

석존께서 사위국의 기원정사에 계시며 많은 사람들을
모아 놓고 설법하실 때의 일입니다.

보시의 수행을 하면 천계의 훌륭한 과보를 얻고,
후세에는 인간 중에도 이름 있는 왕족으로 태어나며
형태는 온건하며 재보(財寶)는 무량할 것이오,
비록 악연을 만나도
그 악연 때문에 파탄되는 일이 없는 것이다.

이때, 어느 곳에 한 왕녀가 있었다.
그 일족들과 어울려 궁중을 나와 어느 아름다운
공원으로 가서 잠시 쉬고 있었다.
그리고 나서 그녀는 그때 자신의 몸에 지니고 있던
훌륭한 보석과 패물들을 수건에 싸서 하녀에게 맡기고
석존께서 계시는 곳으로 가서 설법을 들었다.
그동안에 하나의 사건이 일어난 것이다.
그녀가 석존의 설법을 듣고 궁중으로 돌아가 보니,
이게 웬일일까 하녀에게 신신 당부하며 맡겨 두었던
보물과 패물을 몽땅 잃어버리고 온 궁중이 발칵 뒤집혀
큰 소동이 일어났던 것이다.

왕녀는 이 말을 듣자 마음이 언짢았다.
곧 부왕에게 그 전말을 보고했다.
그러자 왕비가 부왕에게 말하는 것이었다.
"이것은 반드시 있을 것입니다.
비록 이것을 보는 자가 있다 치더라도 이것을 자기가
취하지는 못할 것입니다.
저는 과거의 세상에서 오늘날까지 물건에 대해서
조금도 탐욕하는 마음을 일으킨 적이 없습니다.
만약 탐욕하는 마음을 일으키면
일체중생의 재물을 취하려 들게 될 터인데
여러 부처님을 배알 한다든가
일체중생들에게 뜻대로 과보를 얻게 할 수 없습니다."

한편, 석존이 계시는 곳에서는 아난존자(阿難尊者)가
이 보석을 발견하고, 다음 날 아침 일찍이 궁중으로
가지고 가서 왕에게 바쳤다.
왕은 이것을 보고 기뻐하며 웃으면서 말했다.

"호오, 이 보석을 아난존자가 발견하였으니까 망정이지,
만약 딴 사람이 발견했더라면 벌써 없어졌을 것이다."
라고 하자, 왕비가 고개를 저으며 말했다.
"대왕께서는 어이 그리 불신자(不信者)이십니까?
제가 이 패물을 아무리 번화한 네거리에 던져두고
복력을 시험하기로서니 누가 감히 이것을 취하는
자가 있겠습니까? 그렇게 함부로 버려둔다 할지라도
지나가고 지나오는 사람들은 모두 이것에 대한
견해가 각각 틀리는 것입니다.

어떤 자는 부정하다고 보고,
또 어떤 자는 독사로 보며,
누구나 모두 지나쳐 버리는 것입니다."
이렇게 왕비가 말해도
왕은 아직도 그것을 의아하게 생각했다.

왕은 그것을 진실인가 시험해보고 싶었다.
왕비가 깊이 잠든 틈을 타서 그 반지를 들고 강물 속에
던져 버렸다.

왕비는 잠에서 깨어나자 곧 왕에게 말했다.
"누가 제 반지를 가져갔군요."
"그대의 복력이 지켜줄 것이 아닌가?
 누가 감히 그것을 취하겠소?"
"아아, 그렇습니다. 하오니 반드시 이다음에 나올
 것입니다." 하면서
무엇인가를 그녀는 굳게 믿고 있는 모양이었다.

그녀는 다음날 시장에 사람을 보내어
생선을 한 마리 사오게 했다.
그리하여 그 생선을 스스로 몸소 요리를 하려고
칼로 배를 갈랐다.

그러자 칼끝에 짤랑하고 날카로운 금속성을 내며
닿는 게 있었다. 그것을 꺼내 보았더니 과연 그것은
어제 왕이 강물에 던진 자신의 반지였다.
이것을 본 일동은 모두 그 신기함에 놀라 감탄했다.

왕은 이것을 보자 찬탄해 말했다.
"좋도다. 나의 비여. 말함이 모두 다 바르고 맞구나.
 마치 사자후(獅子吼=악마 등이 무서워서 굴복했다는
 부처님의 설법을 말함)로다."

그 뒤에 아난존자가 또 왕에게로 왔으므로
그는 점점 신심을 일으켜 이렇게 읊었다.
"복력의 진실함이여, 이와 같구나.
 이 몸도 반드시 큰 복업을 닦으리라."

삶은 내 마음으로 지어 나타나는
내가 만든 현상만을 보고 살아갑니다.
내가 만들어 낸 너를 보고 살아갑니다.
지금은 이유를 모른다 하여도
병고운고도 다 내가 만들고
이를 다시 건강·행복하려는 것도 내가 만들고
불평불만도 내가 만들고, 사랑도 증오도 내가 만들고
모든 현상들이 다 내 마음으로
만들지 않는 것은 없습니다.

무엇이 좋고 싫은 것도 다 내가 만들어 놓고
좋다, 싫다 하며 그렇게 살아갑니다.

똑같은 사람을 보아도
보는 사람마다 다 다르게 봄이니
보는 사람마다 자기 마음대로
그렇게 그 사람을 창조함입니다.

내가 너를 그렇게 만들어 놓고
마치 아이들 소꿉장난처럼
'너 싫어, 너 좋아' 하며 살아갑니다.
이렇게 사는 것이 어떻게 보면 이상하고
신기하지 않나요?

내가 만들고 내가 만든 것을
진짜처럼 여기고 진짜로 울고 웃고 합니다.

잠을 잘 때는 꿈속에 나와 똑같은 나가 나와
나처럼 희로애락을 겪으며 살다가 잠을 깨면
아픈 사람도, 힘든 사람도 없습니다.
잠을 깨는 그 순간, 아무런 생각도 없을 때는
아무런 일도 없습니다.

그러나 잠이 깨고 조금만 지나면 병든 사람은
병을 생각하는 순간 병든 사람이 나타납니다.

힘든 사람은 힘든 것을 생각한 순간
힘든 사람이 나타납니다.
마음을 내는 순간 그러한 사람이 다시 나타납니다.
그러한 사람이 또 오늘 하루를 살다가 잠이 듭니다.

미운사람도 떠올리는 순간에
그 기억이 떠오르면서 미워하게 됩니다.
하루 종일 몇 년간 계속 미워한 것이 아닙니다.
내가 그렇게 생각하는 순간 그렇게 볼 뿐입니다.

나에게 돈을 빌려가서 안 준 사람이 생각날 때마다
그 기억으로 괴로움을 만들어 내며 괴로워합니다.

내가 일으킨 한 생각이 내 몸을 만들고
내가 일으킨 한 생각이 내 인생을 만들고
내가 일으킨 한 생각이 내 세상을 만들어 갑니다.
이왕이면 건강하고 행복한 사람부터 만들어서
하루를 시작해야 합니다.

아픈 사람에게는 두 가지 마음이 있습니다.
아프다는 마음과 낫겠다는 마음입니다.
선택은 본인 몫입니다.

마음이 아프다는 순간 아픈 것이 나타나니
내 마음 빼놓고는 아픈 사람이 없습니다.
마음에서부터 건강한 사람이 나와야 합니다.
이왕이면 원하는 나만을 일 순위 삼고 살아야
합니다.

마음이야 무엇인들 못하겠습니까?
그동안 마음이 아플 일을 했으니
내 마음이 내 몸에 병을 만들고 아프다고 합니다.
내가 만든 병인데,
만든 것이 실제(實際)일 리 없습니다.

아무리 아니라고 하여도 내 몸에서 일어난 일이니
나 외에는 그것을 만든 사람은 없습니다.

그러나 만든 모든 것은 만든 것이기에 허망합니다.
내가 만든 허망한 것을 실제라 여기지 않으면....
실제 병(病)이라고....
내가 자꾸 그렇게 여기는 허망한 마음을 벗어나면
병(病)은 사라집니다.
내 몸의 병도 내가 만든 것이기에 내가 당연히
없앨 수도 있습니다.

물론 쉬운 일은 아닙니다.
어려운 만큼 어려워도 해결 못 할 일은 아닙니다.
병든 마음 상(相)을 건강한 마음 상(相)으로
마음을 바꾸어 창조하면 됩니다.
먼저 '내 마음이 모든 것을 만든다.' 는 가르침을
충분히 이해하여야 합니다.
그냥 한두 번 아는 것이 아니라 수없이 반복하여
당연한 말처럼 여겨야 합니다.
당연할 정도의 믿음이라면 무엇이든 가능해집니다.

그러면 내 마음은 내 몸의 창조자가 됩니다.
그러면 내 마음은 내 인생의 창조자가 됩니다.
어제 일을 생각 말고 원하는 오늘 일만 생각합니다.
병(病)을 나으려고 하지 말고 내가 원하는 것을
그냥..... 건강한 마음상을 만들어
오늘부터 건강한 마음 건강한 신구의 삼업을 지으며
건강한 것처럼 살다보면 이것이 건강의 씨앗이 되어
건강한 결과가 저절로 꽃피우니 그냥 원하는 대로
건강하게 힘있게 살아가면 됩니다.

자꾸만 병이라고 올라오는 생각을
건강상의 마음으로
건강하게 사는 모습[행동]으로 자꾸 지워나가다 보면
건강한 모습이 내 마음에서 진짜처럼 생겨나게 됩니다.
내 마음에서 생겨나는 대로 몸도 당연히 거기에 따라서
건강하게 될 것임에 틀림이 없습니다.

불행의 운명도 마찬가지로 치유할 수 있습니다.
불행한 사람에게도 두 가지 마음이 있습니다.
불행하다는 마음과 행복을 원하는 마음이 있습니다.
어느 마음을 선택할지는 본인 몫입니다.

괴로운 것도 나(我)이고 힘든 것도 나(我)이니
그렇게 만든 원인도 분명 나에게 있습니다.

내가 그렇게 불행을 만들었습니다.
내가 왜 그렇게 됐는지 모른다. 하여도
내가 그렇게 됐으니
내가 그렇게 만든 것이 분명합니다.
아니라면 누가 내 속에 괴로움을 넣어 주었을까요?
내가 내 안에서 괴로움을 만들어 낸 것이 답입니다.
다 나(我)뿐이니
나(我) 빼놓고는 모든 일을 논(論)할 수 없습니다.
나와 나뿐이니 내 마음먹기입니다.
내 마음 내가 고쳐먹는 일뿐입니다.
모든 일이 나 때문이라면
내가 나의 모든 것의 모든 것(원인)입니다.

내 마음이 그러합니다.
이 마음... 내 마음대로 쓰는 공부가 마음공부입니다.

아무튼 모두 다 내(我)가 만들고
내(我)가 괴로운 것이니
내가 다 고칠 수 있다는 것도 분명한 사실입니다.
단지 그 고칠 지혜(마음)를 모를 뿐입니다.

발원(發願)이 그 시작입니다.
발원은 앞으로 내가 이렇게 살겠다는 마음입니다.
그렇게 살겠다는 마음을 만들어 내는 것입니다.

불행하다고 하는 사람은
스스로가 자꾸만 마음속에서 그렇다고 생각을 합니다.
어느 누구도 그렇다고 하는 사람 없는데도
그렇게 자기가 생각하고 산다면 불행한 것입니다.

스스로 부정적인 생각을 해가면서 마음을 어둡게 하고
부정적인 생각을 그렇게 하니 더욱 부정적이게 되고,
자기가 만들어 낸 마음인데도 자기가 만들어 낸 것이
현실이 되어서 괴로운 사람으로 살아갑니다.
모든 것은 다 내가 마음으로 만들어 내고
사실처럼, 진짜처럼 여기고 살지만
내가 만든 것이 나일 수가 있을까요?
내가 만든 것이 나라면
이왕이면 내 마음에 들게 만들어 내 마음에 드는 나를
나라고 사는 것이 더 좋은 일입니다.

내가 만든 것이 사실일 수가 없는 허망함을
먼저 강력하게 알아야
내가 새롭게 진짜처럼 사실로 다시 만들어 낼 수
있습니다.
먼저 내 마음이 그러함을 알아야 합니다.

누가 자기 욕심에 맞지 않게 말을 하면
자기를 무시한다. 자기를 싫어한다.는 자기 마음에
그 사람을 자기를 해치는 사람으로 여기고
나쁘게 봅니다.

내가 내는 마음은 남의 마음과 전혀 다릅니다.
그 사람은 아마도 나를 해치려는 마음도
나보고 나쁜 사람으로 여겨달라고 한 적도 없습니다.

그런데 내가 그렇게 내 마음으로 정하고
사실처럼 여기고 그렇게 대합니다.

누가 잘못하고 있는 것일까요?
이왕이면 좋게 좋게 착한 마음을 내어야 좋습니다.
아무리 내가 이유를 붙인다. 하여도
나쁜 것은, 아닌 것은 타당하지가 않습니다.
왜냐하면 나쁜 마음은 나를 괴롭게만 할 뿐이고
좋은 마음은 나를 괴롭히지 않기 때문입니다.

내가 그 사람이 나쁘다.고 내가 나를 괴롭히면서
내가 좋을 수는 없습니다.

더욱이 그 사람은 그런 적도 그래 달라는 적도
없는 일이 태반입니다.

내가 그 사람을 나쁘다.고 해치고
내가 그 사람을 미워하고 괴로워하는 줄 알아야
나의 불행을 나의 행복으로 바꿀 수 있는
기회를 잡게 됩니다.

설령 그 사람이 나를 해쳤다 하여도
내가 그 사람을 나쁘다.고 나쁜 사람이라고 단정하고
내가 속으로 그 사람을 미워하고 안 되기를 바라고
이사람 저사람에게 양설(이간질)의 업을 지은 죄업이
몇 배나 더 클지도 모릅니다.

이 죄업으로 나나 내 집안일이 뜻대로 안 되는 막힘이
있었을지도 모릅니다.

내 마음이 지금 무엇 하는 줄 안다면 그 결과(結果)도
예측(豫測)이 가능(可能)합니다.

지금 마음이 안 좋으면 안 좋은 일이 생기고
지금 마음이 좋으면 좋은 일이 생깁니다.
지금 마음이 살아있는 발원입니다.
지금 마음이 자동발원으로 자동적으로 현실로
나타나게 됩니다.
자동발원이 마음에 안들면 마음의 자동작동을 멈추고
수동으로 원하는 좋은 마음을 작동시켜야 합니다.

마음을 자동(自動)으로 돌아가게 그냥 두면
삼독심(三毒心)으로 작동(作動)하여
나를 해롭게 합니다.

이 삼독심(三毒心)이 스스로가 남을 나쁘다고 여기는
부정의 소굴속으로 나를 밀어 넣게 됩니다.
나 스스로 암흑의 굴속으로 밀어 넣은 것이니
누구를 원망해도 소용이 없습니다.

내가 내 마음으로 내 업을 짓고 내 마음속에 빠져
자기만이 자기세상을 만들고 살아갑니다.

'내 마음은 내가 낸다.' 다 아는 이야기 같지만
말로는 알아도
그 뜻을 잘 알지 못하고 살 때가 많습니다.
만약 그 뜻을 잘 안다면 어떤 마음을 내야 할까요?

내 마음 현상을 먼저 알아야 합니다.
지금 마음 무게가 가벼운가요, 무거운가요?
지금 마음 밝기가 밝은가요, 어두운가요?
지금 마음 상태가 맑은가요, 흐린가요?
지금 마음현상을 알아야
다른 마음[반대마음]도 낼 수 있습니다.
먼저 마음보기로 자기 마음상태를 봅니다.

내 마음 현상은 눈에 보이지 않아도
내가 내 마음상태를 느껴볼 수는 있습니다.

화날 때의 마음 상태와
즐거울 때의 마음상태를 알 수 있습니다.
슬플 때 마음 상태와 기쁠 때 마음 상태의 차이를
알 수 있습니다.
힘들 때 마음 상태와 편안할 때 마음 상태를
알 수 있습니다.
자기 마음이 지금 좋은 것인지 좋은 것이 아닌지
이 정도 '마음보기'는 쉽게 할 수 있습니다.

마음공부 하는 이는 자기 마음을 보고 공부하는
사람이기에 자기 '마음보기'를 능숙하게 하여
자기 마음을 볼 줄 알아야 합니다.

자기 마음상태(현상)를 이제 알 수 있게 되었습니다.

'내 마음은 내가 낸다.'
정말 내 마음은 내가 내는가요?
정말 그런가요?
답; 당연히 내 마음은 내가 냅니다.

내가 내는 내 마음의 결과가 어떨지 아는가요?
내가 내는 마음을 안다면 그 결과도 잘 알고
내어야 합니다.
내 마음은 나밖에 책임져 줄 사람은 없습니다.
내 마음의 책임은
내 몸이 지고 내 운명이 지게 됩니다.
내 마음을 내가 믿어야 합니다.

내가 내 마음을 믿지 못하면 믿을 것이 하나도
없습니다.

믿고 싶다면 믿고 싶은 그것에,
믿는 그곳에 마음을 내려놓아 봅니다.
믿는 곳이 하나라도 있다면
그곳이 사랑이 있고 행복이 있는 곳입니다.

누가 나보고 그렇게 내라고(하라고) 강요하지
않습니다.
내가 스스로 내 마음을 그렇게 만들었습니다.

설령 누구 때문에 그렇다, 하여도
그런 마음을 내는 것은 내 마음이지
그 사람이 그렇게 내라고 강요(强要)하였거나
그 사람이 나에게 신통(神通)을 부려서
그런 마음을 내 안에 만들어 놓은 것이 아닙니다.

'내 마음 내가 만든다.'고 잘 알아도
안 좋은 일도 내가 만들었나요? 하면 어쩔 수 없이
'그렇다.'고 "예" 대답하여도 겉으로 그럴 뿐,
속은 대답(對答)과는 달리 '아니다.'라고 부정하고
'너 때문이다.' 하고 싶을 때가 많습니다.

그래도 이제는
"누가 내 마음을 그렇게 만들었습니까?"
하고 시험 문제가 나온다면

'내 마음이 그렇게 만들었다.'는
정답(正答)을 불자라면 누구나 쓸 수 있습니다.

이제는 마음을 가지고 누구 탓이라고 하지 않습니다.
내 탓이라고, 내 마음 탓이라고 할 때
내 마음은 내 것이니 내 마음대로 무엇이든지
바꾸어 낼 수 있습니다.

'염불한번·발원한번' 하면 바뀝니다.

일체유심조(一切唯心造)를
확실하게 정답(正答)으로 안다면
아무리 안 좋은 일에도 누가요? 그러면 내가요.
백번이면 백번 다 답을 맞히는 불자님들입니다.
먼저 내가 그런 줄 알아야 맞는 답을 쓸 수 있습니다.

모든 것이 다 내가 만들었다.
모든 것을 다 내가 만든다.는 것의 속뜻을 안다면
걱정할 일도 괴롭거나 두려워 할 일은 없습니다.
내가 다시 만들면 되기 때문입니다.
내가 만들면 된다.
내가 내 마음으로 만들면 된다.를 알기에
내 마음만 내가 원하는 마음으로 만들면 됩니다.

내가 지금 무슨 마음을 만들어 품고 있는지 아시나요?
어떤 마음을 내고 있나요?
화·분노·증오·불평·불만·원망·원한

병고운고(病苦運苦)가
좋은 것일까요, 안 좋은 것일까요?

답; 안 좋은 것입니다.

그러면 안 좋은 마음을 왜 내가 내나요?
답; ……

그동안 써온 답이 그랬기 때문에
그 답 밖에는 쓸 줄 몰랐기 때문입니다.

이제는 내 마음이 꼭 그런 답이 아닌
다른 답도 내 안에 있는 줄 알고
마음으로 찾아서 쓸 줄 압니다.

내가 마음을 내는 순간
내 마음 상태가 좋을 수도, 안 좋을 수도 있습니다.
내가 내는 마음에 따라
나의 기분이 유쾌할 수도, 불쾌할 수도 있습니다.

내 마음은 내가 내 안에다 먼저 답(答)을 냅니다.
이유야 어쨌든, 남이야 어쨌든
안 좋은 마음을 내면 몸이 좋아질까요? 나빠질까요?
안 좋은 마음을 내면
운(運)이 좋아질까요? 나빠질까요?
남을 해치면 좋을까요? 나쁠까요?
남을 도우면 좋을까요? 나쁠까요?
남의 것을 훔치면 좋을까요? 나쁠까요?

남에게 베풀면 좋을까요? 나쁠까요?
남을 속이면 좋을까요? 나쁠까요?
남에게 올바르면 좋을까요? 나쁠까요?

다 아는 이야기이고 다 정답을 압니다.

그러나 그 결과를 크게 생각해보지 않아서
아는 것이 실감이 안 납니다.

나쁜 것은 나쁜 결과를
좋은 것은 좋은 결과를 가져옵니다.
좋은 것이 좋고, 안 좋은 것은 안 좋다. 는 것은
다 아는데
"왜 안 좋은 마음을 때때로 내고 살까요?"
안 좋은 마음을 내면 나도 나쁘고
남도 나쁘게 만드는데 "왜 그럴까요?"

결과를 자꾸 잊어버리고 함께 알지 못해서입니다.
지금 내 마음이 이러면 나는 이렇게 된다. 고
인과(因果)를 함께 생각해보아야 합니다.

내 기분(氣分; 마음)이 불쾌[부정(不正)]하면
나는 내 몸과 내 운명, 내 가족에게 불운을 부른다.
내 기분(氣分; 마음)이 유쾌[긍정(肯定)]하면
나는 내 몸과 내 운명, 내 가족에게 행운을 부른다.고
반복하여 외워봅니다.
그러면 내 마음이 알아서 매사에 정답을 알려줍니다.

몸도 내 몸이니 내 몸의 건강도,
마음도 내 마음이니 내 마음의 행복도,
가족도 내 가족이니 내 가족의 성공도
내가 내 몸과 내 마음과 내 가족에게 건강과 행복과
성공을 만들어 냅니다.

그런데
"왜 마음대로 안 될까요?"
"왜 내 마음인데 내 마음대로 안 될까요?"
"내 마음 내 마음대로 어떻게 써야 할까요?"

그냥 그렇게 살다 보니 습관이 돼서 그럴까요?
아니면 한 번도 다른 생각을 안 해봐서 그럴까요?

어쨌든 안 좋은 마음을 낼 때마다
기분(氣分)도 안 좋고 나쁜 찌꺼기가 내 몸 안에 쌓여
나쁜 것[병고운고(病苦運苦)]을 만들어 냅니다.

눈에 보이지는 않아도
화날 때 나오는 에너지 내용물과
웃을 때 나오는 에너지 내용물은 크게 다릅니다.
그 에너지가 나의 운명을 그렇게 만듭니다.
마음에도 마음따라
그 질(質)과 양(量)이 다르게 만들어 집니다.

"저 사람이 나한테 이러는데
내가 그러지 않을 수 있나요?

누구나 다 그렇게 살아가지 않나요?"
할지도 모릅니다.

나도 정말 그렇게,
남에게도 꼭 그렇게 하며
내가 아프며 괴로워하며 힘들게 살아야 될까요?

먼저 나는 그렇게 살지 않겠다.
나는 그렇게 살려고 태어난 것이 분명 아니다.
이렇게 사는 것은 '틀렸다'는 답(答)을 내야 합니다.

이렇게 힘들게 사는 것은 아니다.
하여야 정답(正答)을 찾습니다.
이렇게 힘들게 사는 것은 틀린 답이다.
하여야 옳은 답을 찾습니다.

그렇게 힘들게 살려고 태어났나요?
그렇게 살려고 태어났을까요?
아니면 그렇게 살다가 죽어갈 건가요?
꼭 그렇게만 살다가 죽을 작정인가요?

답; 아닙니다.

답(答)은 분명 아닙니다.

잘 살기를 누구나 원합니다.
죽어서도 좋은 곳에 태어나기를 누구나 원합니다.

외적(外的) 모양으로는
남들 보기에 복(福) 있게 잘 사는 사람도
내적(內的) 마음은 마음대로 잘 안 됩니다.

내 마음은 내 것인데
왜 내가 내 마음을 안 좋게 내어
안 좋은 일을 만들까요?

내 마음만은 유일하게 내 것인데
왜 남의 것만 같은가요?

답; '마음이 모든 것을 만든다.' 는
부처님 가르침을 확실히 모르기 때문입니다.

일체유심조(一切唯心造)
'마음이 모든 것을 만든다.'

다 아는데도 쓰지 못하는 것이 무지입니다.
불교(佛敎)는
이 일체유심조(一切唯心造) '마음이 모든 것을 만든다.'
한 구절이
그렇게 감사함을 이루 다 말할 수 없습니다.
부처님 가르침은
이 일체유심조(一切唯心造)의 조심(造心)을 깨달음입니다.

'마음이 모든 현실을 만든다.'
아주 중요하고 지극히 현실적인 가르침입니다.

내 마음 내가 만들지,
누가 만들어 내 안에 넣어주지 못합니다.
지극히 당연하고도 틀림이 없습니다.

일체유심조(一切唯心造)
'모든 것을 내 마음이 만든다.'

내 마음은 내가 나의 자유의지(自由意志)로
분명 내가 만들어 냅니다.
내가 내 의지로 분명 내 마음을 내가 만들고
이 마음이 그대로 현실을 만든다는 것을 압니다.
왜냐하면 내가 화를 내면 내는 순간
내가 곧바로 화난 사람이 되어
화난 일을 하여 화나는 일을 현실로 만들어 냄을 알기 때문입니다.
모든 일이 이와 같은 줄을 잘 압니다.

자작자수(自作自受)
'스스로 지어 스스로 받음' 입니다.
말이 아니라 확실히 그 뜻을 안다면
이제 내가 내 마음대로... 내 의지로
내가 원하는 마음을 만들어 내고
이 내가 만들어낸 마음(생명에너지)을 가지고
그대로 현실을 살아 낼 수 있다는 것을 의미합니다.
나쁜 마음을 내면 나쁜 일을 만듭니다.
싫은 마음을 내면 싫은 일을 만듭니다.
힘든 마음을 내면 힘든 일을 만듭니다.

괴로운 마음도 내가 내고 내가 나를 괴로워합니다.
어려운 마음도 내가 내고 내가 나를 어려워합니다.
두려운 마음도 내가 내고 내가 나를 두려워합니다.

내가 나를 만들어 냅니다.
그리고 이를 진짜로 여깁니다.
힘든 마음도 내가 내고 내가 힘들어합니다.
내 안에 다른 이는 없습니다.

내 안을 보고
'나를 힘들게 하는 너는 누구냐?' 불러도
아무도 대답하지 않습니다.

내 안에는 나(我) 밖에는 없습니다.
결국은 내가, 나만 그러고 있을 뿐입니다.

모든 것을 만들어 낼 줄 아는 나가
내 인생의 주인공(主人公)입니다.
즉 부정적인 마음을 내면
질병과 불행한 일을 만들어 냅니다.
긍정적인 마음을 내면
건강과 행복한 일을 만들어 냅니다.
마음공부는 긍정적인 마음을 낼 줄 아는
마음 찾기[깨닫기]가 첫 번째입니다.

내가 내는 마음은
반드시 냈던 나에게로 돌아옵니다.

좋은 마음은 좋은 마음[건강과 행복]으로
나쁜 마음은 나쁜 마음[질병과 불행]으로 돌아옵니다.

내 마음이 씨앗을 내고
내 마음이 씨를 뿌리는 그 밭이 됩니다.
내 마음에서 낸 것을 내 마음에서 거둡니다.

마음을 아무리 남에게만
그렇게 내려 하여도 내는 순간
내 안에 먼저 그 마음이 생겨 내 안에 저장됩니다.
그리고 내가 내는 이 마음에 걸맞는
현실을 불러오게 됩니다.

일체유심조(一切唯心造)
'마음이 모든 것을 만든다.'
내 마음이 내 마음대로 안 된다. 하여도
내 마음이 내 마음대로 되든, 안 되든
내가 내 마음을 낸 그대로
나는 그대로 돌려받는다는 것을……

'내 마음으로 나의 모든 것을 만든다.'를
참으로 안다면, 돌아가는 톱날 바퀴에
손을 집어넣을 수 없는 것처럼,
나쁜 마음을 강력하게 제지할 수 있습니다.

왜냐하면 이제는
나쁜 마음은 나에게 나쁜 일을 불러오는 신호(信號)임을
잘 알기 때문입니다.

내 바깥세상에서 나쁜 일을 불러오는
눈에 보이지 않는 소리를 외치는 것과 같습니다.

메아리처럼 당연한 일인데
내가 내는 마음의 처음중간끝의 결과를 생각해 보지 않아서입니다.
결과에는 원인이 반드시 있습니다.

원인과 결과가 내 안에서 일어납니다.
삶은 시험장과 같아 아무리 잘 알아도
막상 현실(現實)에서 기억이 안 나
정답(正答)을 쓰지 못한다면
틀린 답, 나쁜 답, 아닌 답을 내놓게 되어
자기가 봐도 틀린 인생, 나쁜 인생, 아닌 인생만을 살게 됩니다.

자기가 마음에서
먼저 틀린답, 나쁜답, 아닌답을 썼기 때문입니다.
자기 몸과 마음이 마음에 안 들면
오답(誤答)을 쓴 줄 알아야 합니다.

인생은 항상 OX 시험문제 풀이와도 같습니다.
마음에서 OX답을 고르는 것과 같습니다.
지금 내 마음이 옳으냐 그르냐?
지금 내 마음이 좋으냐 나쁘냐?
지금 내 마음이 맞냐   틀리냐? 선택답안입니다.
정답을 다 아는데 잘못 오답을 씁니다.

4) 마음이 모든 것을 만든다

'마음이 모든 것을 만든다.'

먼저 이 가르침을 온몸에 새겨지도록 익혀야 합니다.

'마음이 모든 것을 만든다.'를
항상 기억나도록 다라니처럼 외웁니다.

그러면 몸이 알아서
나에게 손해 볼 마음을 내지 않고
어쨌든 부정적인 마음이 나가려고 하면
"Stop!" 하고 브레이크(brake)를 걸게 됩니다.
왜냐하면 누구도 손해를 스스로 볼 사람은 없기
때문입니다.

"Stop!" "Stop!" "Stop!"
세 번만 외쳐 보세요.

일단 역대 부처님의 제일의 가르침인
제악막작(諸惡莫作)
즉 모든 악(惡)을 막아서 짓지 않게 됨. 입니다.

모든 나쁜 일은 더 이상 커지지 않고
그 자리서 멈추게 됩니다.

악(惡)이 멈추면
선행(善行)을 할 준비상태가 완료된 것입니다.

악(惡)한 마음을 내지 않는다면
내 마음에서부터
나에게 해로운 일을 부르는 악심(惡心)이 생겨나지 않고
괴로운 일에도 괴로움보다도 앞서
시비분별을 떠나 괴로움을 벗어날 지혜를
먼저 구하게 됩니다.
즉 괴로움에서 벗어날 창의(創意; 새로운 방법을 생각하여
냄; 창조적인 생각)심을 내게 됩니다.

창의(創意)가 있어야 조심(造心)이 열립니다.

부정적인 마음은 나에게도 남에게도
나쁘다는 것을 마음에 새겨야 마음이 멈춥니다.
부정적인 마음의 씨앗이
콩 심은데 콩 나듯 부정적인 결과를 가져옵니다.

내가 내는 마음 그대로가 내가 겪는 마음이고
내가 겪어야 할 부정적인 현실이 됩니다.

그냥 문자(文字)로만 아는 것과
참으로 그 뜻을 쓰고 사는 일은 다릅니다.
그 뜻을 참으로 안다면, 누구라도 스스로 자기 마음을
해치고 남을 해치는 마음을 낼 까닭이 없습니다.

먼저 나에게 안 좋은
부정적인 나쁜 마음을 멈춰야 방향전환이 됩니다.
지금 마음에서 뒤로 돌아 앞으로 나아가야 합니다.

서운하고 섭섭한 부정적인 마음이 불평불만으로 커져가고
불평불만이 원망원심으로 더욱 커져가고
원망원심이 남에게 재앙이나 불행이 일어나기를 바라는
마음으로 더욱 더 커져가고
더 나아가 악의적의가 일어나서
견치(堅緻) 너 두고 보자, 하는 살의(殺意)를 지니는
마음으로 증폭되어서 자기도 모르게 남을 저주함이니
어떠한 행운의 축복도 나에게 들어오지 못합니다.

모든 마음의 시작은 어디서 시작되었을까요?
무엇이 잘못되었을까요?

주는 데서 생겼을까요?
받으려는 데서 생겼을까요?
베푸는 마음에서 생겼을까요?
아니면 내 욕심대로 내 감정대로 내 생각대로
안 해준다는 데서 생겼을까요?

마이너스(-)가 생겼으면
그만큼 플러스(+)로 갚아야 합니다.

그 부정적 크기만큼의
긍정적 반대마음이 필요합니다.

우선은 나의 급한 불부터 끄고 나야
나중에 원망을 해도 할 수 있고
불평을 해도 할 수 있습니다.

내 머릿속에 부정적으로 새겨진 그 사람이
지금의 어려움을 해결해 줄 바로 그 사람입니다.
그 사람이 없으면 안 됩니다.

결자해지(結者解之)라고
먼저 맺힌 내가 먼저 풀어야 합니다.

부정(不正)의 반대 마음을 말로
그 사람이 잘되라고 주문 외우듯이 해봅니다.

"사랑합니다. 감사합니다.
 항상 건강하고 행복하세요. 하는 일마다 잘 되세요.
 항상 좋은 날 되세요. 등등
 관세음보살 · 관세음보살 · 관세음보살"

마음이 안 내켜도 나의 지금-어려움을 풀어내는
지혜의 약으로 삼아 해봅니다.
약을 먹듯이 남의 이익을 위하여 축원을 해봅니다.

지금 병고운고의 결과를 불러온 내 안에
내가 집어넣어 둔 그 부정적인 고(苦) 덩어리를
부수어 버려야 합니다.

선심(善心)을 실행하면 선(善)이 창출(創出)됩니다.

선(善)한 마음의 에너지가 무엇이든
만들어 내는 최상의 에너지(지혜)입니다.

선심(善心)은 모든 악보(惡報)를 없애는 묘심(妙心)으로
선심으로 선행(善行)을 하면 모든 악(惡)을 소멸하고
온갖 복(福)을 만들어 내는 묘행(妙行)입니다.

'마음이 모든 것을 만든다.'
악한 일(마음)을 나에게 스스로 만들어 내지 않는다,
는 제악막작(諸惡莫作)의 가르침을
실제로 행(行)함으로써,
일어나는 악(惡)한 마음을 막아서
악(惡)한 일을 짓지 않게 되어
스스로 손해 볼 일은 피하게 됨입니다.

적극적인 제악막작(諸惡莫作)이
중선봉행(衆善奉行)입니다.
중선봉행(衆善奉行)은 곧바로 업장(業障)을 소멸하고
모든 것을 정상으로 돌려놓습니다.

머리로도 잘 알고, 입으로 말하면서도
이를 쓰지 못한다면
그림 속의 떡이 아무리 많아도
배를 부르게 할 수 없는 것처럼
실제적인 행위가 뒷받침이 되지 않는다면
아는 것이 아무리 훌륭해도
내 마음, 내 몸, 내 인생, 내 가족에
아무런 도움이 안 됩니다.
아는 것을 한 번, 두 번
꺼내 쓰는 연습을 하다 보면 알게 됩니다.

'천리길도 한걸음부터' '시작이 반이다.' 는 말처럼
하다 보면 늘어나게 되고
그 증(證)이 나오니 할수록 쉽게 됩니다.

남이 나에게 준 손해(損害)는
내 지혜(智慧)가 부족하여 어쩔 수 없었다 하더라도
이 일에 대해
내가 남에게 부정적인 악(惡)한 마음을 내는 일은
남이 나에게 준 손해와는 별도로
순수하게 내가 나에게 짓는....
내가 나에게 철저하게
손해[운고병고(運苦病苦)]를 가져옵니다.

남 때문에 생긴 손해는
지난 생의 빚 갚음이라 어쩔 수 없이 당한다 하여도
이 빚을 갚으면서 지금 지어가는
나의 죄업의 응보는 그대로 나에게
즉시 현실로 작용하여 나의 운고(運苦)병고(病苦)를
곧바로 불러오게 됩니다.

이는 내가 스스로 청(請)하여 받는 내가 지금 만든
업보(業報; 운고병고)입니다.

과거세 업보가 아무리 커도 내가 무응답이면 나를
어떻게 하지 못합니다.
지금 짓는 업이 최우선으로 작용합니다.
지금 마음이 지금 모든 것을 만듭니다.

그 사람이 나에게 잘못한 것은
그 사람 인생에서 손해를 보게 될 것이고
내가 그 사람에게 잘못한 것은
내 인생에서 반드시 내가 손해를 보게 됩니다.

인과법은 누구에게나 평등하여
자기가 지은 바를 곧바로 받게 하여
인과법(因果法)의 가르침을 깨닫게 합니다.

인과법(因果法)은 누구에게 벌주는 법이 아니라
스스로 잘못을 깨닫고
하루빨리 잘 사는 법(法)을 깨닫게 돕는
가르침의 율법입니다.
인과법은 인(因)과 과(果)가 자기에게 있으므로
누구나 다 잘살 수 있는 지혜의 가르침입니다.
남에게 짓는 잘못이 없다 하여도
내 마음 상태를 보면
그동안 지어온 마음 잔해(殘害)가 쌓여있습니다.

이것이 나도 모르게 부정심[마이너스 마음; 스트레스(stress)]에 잠겨 있게 합니다.
이를 긍정심[플러스 마음; 축복(bless)]으로 바꿔 지녀야 합니다.

나쁜 것은 빼고 좋은 것은 보태감이 삶의 지혜입니다.
부정심은 부정적인 운명을,
긍정심은 긍정적인 운명을 부릅니다.

내 인생의 현실은
내 마음에서 나온 것이기에
내 마음에서 나온 그대로
내 몸과 마음에서 받게 됩니다.

누가 아무리 나에게 큰 잘못을 하였다. 하여도……
내가 그 사람을 벌하지 않아도
그 사람은 그 사람 인생에서 손해를 봄이
당연지사(當然之事)입니다.

그러나 내가 그 사람이 나에게 그런다고
그 사람에게 한 아무리 조그만 잘못이라도
내가 한 것은 그 대가를 스스로 치러야 합니다.
인과법(因果法)이 평등하기 때문입니다.

남에게 한 대 맞은 것도 억울한데
한 대 맞았다고 같은 잘못을 한다면
그것은 그 사람과 상관없이 내가 감당(堪當)해야 될
매를 순수하게 벌어들이는 일입니다.
이 매벌이가 이유야 어쨌든
나의 몸에 병(病)을 만들고 운명에 고(苦)를 만들어
내가 하는 일과 내 가족들이 고통을 받게 됩니다.

네 잘못은 네가, 내 잘못은 내가 받는 것이기에
인과법은 평등(平等)합니다.
이 평등(平等) 무유고하(無有高下)가 부처님의 지혜입니다.
누구도 불평할 수 없는 공평한 법입니다.

마음공부는 내가 내 마음으로 인연(因緣)하여
절대 손해 보지 않고 이익을 보는
평등(平等)한 지혜[조심(造心)]를
탐구(探究), 연구(硏究), 참구(參究)하여
이고득락(離苦得樂)함. 입니다.

무엇인가 내 마음대로 잘 안된다면
거기에 맞는 답(答)을 찾아
탐구(探究), 연구(硏究), 참구(參究)하여
평등(平等)한 답(答)을 찾아봅니다.
정답(正答)은 누가 가르쳐주지 않아도
다 아는 답(答)입니다.

남이 나를 때린다고 나도 남을 같이 때린다면
나도 그와 똑같은 사람이 됩니다.
즉 똑같이 벌 받는 사람이 됩니다.
그러나 마음을 내기가 힘들지만
남이 나를 때려도 그 사람을 축복해 준다면
나는 축복받는 사람이 됩니다.

내가 어렵고 곤란할 때 축복이 필요합니다.
축복하는 이가 축복을 받는 사람입니다.
힘들고 어려울 때 남을 축복할 줄 아는 이가
축복지혜를 성취한 사람입니다.

저 사람 때문에 내가 힘들다는 순간 힘든 일은
결정된 업보가 되어 버립니다.

거기다 그 사람을 미워하고 나쁜 사람이라고
여기는 순간 내 앞길에 장애물을 내가 설치함입니다.
이게 고액(苦厄; 괴롭고 힘든 일과 재앙으로 말미암은
불운)입니다.

어떻게 이 일체고액(一切苦厄)을 벗어날까요?

관자재보살 행심반야바라밀다 시
조견오온개공 도 일체고액

누구나 다 아는 반야심경 첫 구절입니다.
도(度) 일체고액(一切苦厄)
일체고액(一切苦厄)을 벗어난다.

행심반야바라밀다시 도 일체고액합니다.
괴로운 마음에서 내가 원하는 마음을 찾아
괴로운 마음속으로 깊이 들어가 봅니다.

괴로운 마음 끝에는 무엇이 있을까요?
괴로움이 그대로 있을까요?
아니면 괴로움이 없는 마음이 있을까요?
괴로움은 내가 만든 것이기에
궁극은 아무것도 없는 본래마음 자리에 도달합니다.
여기서 원하는 마음을 원하는 마음으로 꺼내봅니다.
마음공부는
절대긍정(絶對肯定)의 답(答; 지혜)을 찾는 일입니다.
이타행(利他行)이 정답(正答)입니다.

위이익일체중생(爲利益一切衆生)함이 정답입니다.

**왜냐하면 콩 심은데 콩 나듯이
중생의 이익을 위하는 일이
나에게 이익이 돌아오는 절대적인 방법이기
때문입니다.**

**잘사는 방법이 남에게 잘하는 일입니다.
내가 좋으려면 남에게 좋게 하는 일입니다.**

**남에게 "항상 좋은날 되세요" 축복하는 말이
내가 나를 항상 좋은 날 되게 하는 축복입니다.
"만나는 모든 이들이 행복하기를...."축복한다면
이는 내가 나와 내 가족이 행복하기를 축복 받는 일이
됩니다.
모든 이들이 나에게 축복을 주는 감사한 이들입니다.
감사한 이들에게 감사한 마음으로
항상 그들이 건강하고 행복하기를 바란다면
나와 내 가족들이 건강하고 행복한 감사한 축복으로
되돌아옵니다.**

**사랑합니다.
이 글을 읽는 모든 분들과 가족들이 다함께 건강하고
행복하시기를 기원드립니다.**

**콩 심은 데 콩 나는 인과(因果)의 이치를
내 인생에 즉시즉시 적용한다면**

누구든지 무엇이든지 무어라 붙일 것 없이
선업(善業)만을 짓게 됨이
지혜로운 선법(善法)을 행(行)함입니다.

인과의 이치를 내 몸에 내 인생에 쓰는 지혜를
터득하여 어떤 경우에도 절대선업을 절대의지로
절대행동의 지혜를 익혀나가 봅니다.

응무소주행어보시(應無所住行於布施)
머무는 바가 없이 보시하라. 말씀입니다.

크게 부처되려는 이들은
중생들에게 깨달음을 베풀어 이를 인(因)으로
깨달음의 과보를 증득합니다.
깨달음에는 무엇이 붙을 것도 머물 것도 없습니다.
그러나 인생에는 얻어야 할 많은 것들이 있습니다.
원하는 것을 얻기 위해서는 원하는 것을 베풀어야
합니다.

원하는 마음을 베풀어야 합니다.

건강을 원하면 건강한 마음을 담은 신구의 삼업으로
베풀어야 합니다.
부자되기를 원하면 부자마음을 담아 신구의 삼업으로
베풀어야 합니다.

그 마음을 먼저 내야 하기에 마음공부가 필요합니다.

원(願)하는 마음을 내야 악(惡)도 짓지 않고
원(願)을 행하는 선(善)한 일을 할 수가 있습니다.
몸으로 행하는 행과 마음이 다르다면
몸과 마음에 괴리가 생겨납니다.
몸은 좋아도 마음이 괴롭거나 마음이 편해도 몸은
불편합니다.

제악막작(諸惡莫作) 중선봉행(衆善奉行)
남에게 모든 악(惡)을 짓지 않고
선(善)을 받들어 행(行)하는 지혜가
만가지 고통(苦痛)과 고난(苦難)을 벗어나는
만능 인과의 열쇠입니다.

마음공부는 어떤 경우에도
스스로 손해(損害)를 자처(自處)하는
악(惡)을 짓지 아니하고
스스로 원(願)하는 복덕(福德)을 부르는
선(善)을 닦는(행하는) 일입니다.

선과(善果)를 얻기 위해서는 남에게 선(善)한 일
즉 남에게 이익을 주는 일을 하여야 합니다.
남의 고통과 이익에 함께하는 일입니다.

'마음이 모든 것을 만든다.'

이유야 어쨌든
내가 내 마음으로 낸 마음이 나에게 그러한

현실[병고운고(病苦運苦)건강행복(健康幸福)]의
행운(幸運) 또는 불운(不運)을 불러옵니다.

'마음이 모든 것을 만든다.'는 것을
익숙하게 안다면
누가 나에게 뭐라 하여도
'어떻게 선법(善法)을 닦을 것인가?'를
먼저 생각해 내게 됩니다.

왜냐하면
만약 털끝만큼이라도 잘못을 한다면
그 털끝만큼 한 잘못이라도
나의 인생이 전혀 다른 곳으로 흘러가기 때문입니다.
왜냐하면 네 것은 네가 받고,
내 것은 내가 받기 때문입니다.
시비분별을 떠나
나쁜 마음은 절대적으로 밖으로
내보내서는 안 됩니다.
이것은 남에게 잘하라는 말이기보다는
내가 원(願)하는
건강하고 행복한 인생길에서
내가 벗어나지 않기 위해서
먼저 내 마음에 부정심[악심(惡心)]을
내지 않는 지혜입니다.

마음공부는 절대선을 찾아 절대선을 행함입니다.
마음공부로 절대긍정의 지혜를 발견합니다.

마음은 눈에 보이지 않아도 마음을 쓰면 내 마음에
내가 짓는 업으로 나도 너도 알게 드러납니다.

내가 지금 발원이 성취되는 마음....
되는 마음을 냈는지 안 되는 마음을 냈는지
알 수 있을까요? 없을까요?

내가 내 발원에 믿음이 안 가는 것은
계를 지키고 복을 닦는 지계수복을 몰라서입니다.
지계는 모든 악을 짓지 않는 제악막작입니다.
수복은 모든 선을 지어가는 중선봉행입니다.
이 제악막작 중선봉행이
역대 부처님의 한결같은 가르침입니다.

제악막작 중선봉행이 둘이 아니라 하나입니다.
발원을 하면서 발원을 성취하는 좋은 행이 아니라
발원을 저해하는 나쁜 행을 한다면 나의 발원 성취의
길은 그만큼 멀어집니다.
내 발원을 믿는 마음을 능히 낼 줄 알아야 합니다.
이렇게 할 수 있는 일이 계를 지키고 복을 닦는
지계수복입니다.

발원이 없다면
업이 없이 잘살고 있다는 말이 됩니다.
아니면 괴로운 줄도 모르고
될지 안 될지도 모르는 욕심 속에서
무작정 살아가고 있는 일입니다.

그러나 발원이 있다면 내가 나아가야 할 길이....
내가 이렇게 살아야.. 잘살 일이 있기 때문이나
눈에 보이지 않는 무언가가 운명이 자꾸만 가로막기에
발원을 하는 것입니다.

그 발원의 장애를 해결하는 것이
중선봉행, 무조건 선을 행하는 일입니다.
선을 받들어 행하는 일입니다.

나의 발원을 이루어 주는 지혜의 행이 선행이기에,
챙겨가며 받들어 선을 행하라는 말씀입니다.

그런데 우리는 이 중선봉행의 지혜를 모르면
어쩌면 남에게 부정적인 나쁜 마음을 내고
남이 좋아하지 않을 부정적인 언행만을 챙겨가며
하는 줄도 모르고 행하면서
왜 내일이 안될까? 할지도 모릅니다.

내 가족에게 이유 불문코,
내가 조금 손해 보는 것 같아도
긍정적인 마음으로 중선봉행(衆善奉行)하면
내 가족의 소원을 이루는 생명에너지를
날마다 보태주게 되어
궁극은 이익 보는 나날을 보내게 됩니다.

내가 만나는 모든 사람들에게 이유 불문코
내가 좀 손해 보는 것 같아도

중선봉행하면 나의 일을 이루는 생명의 원동력이 되어
나의 발원성취에 창조적 생명력을 보태가게 됩니다.

지금 내가 그 사람에게 그 일에
부정심일까요? 긍정심일까요?
부정심은 나를 더욱 가두게 되고
긍정심은 나를 업으로부터 해방시켜 자유롭게 합니다.

이유야 어쨌든, 남이야 어쨌든
내가 낸 마음의 결과(結果)는
전부 내 인생, 내 몫에서 더하기 빼기 합니다.
내 인생 내 몫을 보면 다 가지고 있는 것으로
잘못살고 있습니다.
잘못산다는 것은 무엇인가 잘못하고 있기 때문입니다.
누가 잘못을 하는 것이 아니라
내가 잘못하고 있음만 알면 나만 바로 고치면 됩니다.

이미 사업 직장 집 가족 친구 재물 등등 다 가지고
살아가고 있습니다.
그런데 다 내가 가지고 살고 있는데
내가 가진 것이 무엇인가 잘못되어 가는 것 같습니다.
무엇이 잘못되었을까요?
하는 일이나 가족이나 형제가 친구가 잘못일까요?
내가 잘못일까요?
만약 내가 아니라 다 남 때문이라면
내 인생이 그들에게 달렸으니
그들에게 빌어서 달라고 사정하여야 할까요?

시비분별을 떠나.... 이유 불문하고,
좋은 마음[염불(念佛)-발원(發願)-평정(平靜)]을
항상 유지하여야 합니다.

5) 염불

불자님들의 특권은
염불(念佛)할 수 있는 권리(權利)를 지니는
귀의삼보(歸依三寶)한 사람들입니다.

염불(念佛)은 '부처님을 생각함.'입니다.
염불(念佛)은 '부처님의 가르침을 항상 생각함.'입니다.
그 가르침을 완전히 깨닫지 못했다 하여도
부처님 말씀 한 가지는
이미 무엇인가 알고 있습니다.
부처님 명호 하나는 이미 익숙하게 알고 있고
이미 불러 보고 있는 이름입니다.

부처님 명호 그 자체에는
부처님의 지혜생명이 담겨져 있습니다.
부처님 명호를 부르기만 하여도
부처님의 지혜생명(智慧生明)이
나의 업장의 무거운 마음을 소멸하고
나의 소원을 향하여 날아가는
가벼운 마음이 생(生)겨나게 하는
신묘한 힘이 그 명호 안에 숨어 있습니다.

이 명호 속의 힘은 염불을 통하여 나옵니다.
세상 어떤 말의 힘보다 더 큰 생명력이 있습니다.

염불(念佛)하는 마음이
내가 내는 모든 마음보다 월등한 마음입니다.

왜냐하면 염불(念佛)이
모든 것을 해결(解決)해 주기 때문입니다.

제악막작(諸惡莫作)이 잘 안될 때도
중선봉행(衆善奉行)이 잘 안될 때도
염불(念佛)하면 저절로 됩니다.
염불(念佛)은 부처님께서 증명하시고
보살님·신중님이 길을 이끌어 주십니다.

염불(念佛) 그 자체에
부처님의 위대한 지혜생명(生明)이 깃들어 있어
부르는 이에게 그 생명의 광명을 투사(投射)하여
업(業)을 없애고 원(願)을 이루게 합니다.

평소(平素)에 염불연습(기도,수행)을 많이 하여
염불(念佛)이 습관(習慣)처럼
마음에서 저절로 나오게 한다면
항상 염불(念佛)이 하는 일마다 습관(習慣)처럼 앞서 나와
부처님의 가호와 가피로
염불(念佛)로 제악막작(諸惡莫作)하고
염불(念佛)로 중선봉행(衆善奉行)하여

염불(念佛)로 업장소멸(業障消滅)하고
염불(念佛)로 소원성취(所願成就)합니다.
불자님들은 일어나서 염불한번 자기 전에 염불한번
잊지 않고 하신다면 하루가 부처님의 위신력으로
나쁜 업이 정화되고 좋은 업이 항상 할 것입니다.

보문시현 원력홍심 대자대비 구고구난
普聞示現 願力弘深 大慈大悲 救苦救難
관세음보살 관세음보살 관세음보살.............
觀世音菩薩 觀世音菩薩 觀世音菩薩............

악인악과(惡因惡果) 선인선과(善因善果)입니다.
호리유차 천지현격(毫釐有差 天地懸隔)
"털끝만큼이라도 차이가 있으면
 하늘과 땅 사이로 벌어지나니라."

서 있는 자리에서 조금만 방향이 틀어져도
목적지는 크게 벗어납니다.

발원의 좋은 마음을 끝까지 놓치지 않아야 합니다.
염불의 좋은 마음을 끝까지 놓치지 않아야 합니다.
발원(發願)염불(念佛)하는 마음을 벗어나면
털끝만큼의 잘못의 차이로 돌이킬 수 없는
큰 과오(過誤)를 낳게 되기도 합니다.
처음에는 이 정도는 괜찮은 것 같지만
시간이 지나감에 따라 쌓이다 보면
지나간 인생(人生)은 돌이킬 수 없게 됩니다.

아니다 싶을 때 곧바로 염불(念佛)을 시작하여도
늦지 않습니다.
불자님들은 염불(念佛)의 특권(特權)...
부처님의 위신력을 부여(附與)받은 사람들로
염불(念佛)로 모든 것을 이룰 줄 아는 사람들입니다.
염불은 불·보살님의 원력으로, 그 위신력의 가피로
발원을 성취하게 됩니다.

왜 모든 것을 염불(念佛)로 이룰 수 있을까요?

부처님이 증명하시고
보살님·신중님이 옹호하시기 때문입니다.
명호(말)에 신통한 기운이 담겨져 있습니다.
아무리 괴로워도 '사랑'이라는 말의 뜻을 음미(吟味;
속 내용을 새겨서 느끼거나 생각함)하며 불러 보세요.
아무리 큰 괴로움도 다 사라지게 됩니다.

'원수를 사랑하라.'
원수에게 사랑을 베푸는 순간
눈앞의 원수가 사라지고
그 원수가 나를 구원하는 은인(恩人)이 됩니다.

관세음보살님은 허공 가득한 자비[사랑]의
생명(生明)을 의인화하여 부르는 명칭(名稱)입니다.
관세음보살님을 부르면 자비생명이 나와서
바로 눈앞의 사람에게 자비(사랑, 연민)를 베풀어
자비로운 사람이 되게 합니다.

관세음보살님을 부른다고
허공중에서 관세음보살님이 나오셔서
원수를 나 대신 물리쳐 주시고
나를 구원해 주시는 것이 아니라
관세음보살님[자비사랑]을 내가 부를 때
자비생명(慈悲生明)이 생겨나
내가 부른 관세음보살(觀世音菩薩)의
다섯 글자에 깃들어 있는
부사의(不思議)한 자비생명(慈悲生明)이
나를 구고구난(救苦救難)합니다.

"만약 어떤 사람이 악한 이에게
 피해를 당하게 되었더라도
 '관세음보살'의 명호를 부른다면
 저들이 가졌던 칼과 몽둥이가 곧 조각조각 끊어져서
 해탈함을 얻을 것이니라."
나를 죽이려는 살인자까지도
"관세음보살" 명호를 부르는 까닭으로
나를 해칠 수 없음이니
나를 해치려는 그 사람이 바로 나를 구원하는
은인(恩人)으로 변하게 됨입니다.
관세음보살의 명호 안에는
천지간에 가득한 자비생명이 함축되어 있어
부르는 이에게 사랑이 넘쳐
해침을 받을 수 없는 몸이 됨이니
해치는 사람이 사라지고
나를 돕는 이로 변하게 됩니다.

염불(念佛)에는 염불(念佛)이 지니는
크나큰 생명(生明)이 있습니다.
그 힘으로 극락정토에도 왕생합니다.

모든 말에는
그 말의 뜻이 지니는 생명(生明)이 있습니다.

그 말을 반복 할수록 그 생명(生明)이
나에게서 생(生)겨납니다.
나에게서 생겨난 그 생명(生明)의 진동이
주변에 파문을 일으켜
그 염불파장은 그 말의 생명(生明)을
즉시 현실화(現實化)하게 됩니다.
이미 이 세상에 안 계신 "어머니"를
마음속에 생각만 해도
"어머니"의 온갖 정(情; 생명)이 내 안에서 올라옵니다.
사랑은 베풂입니다.

이렇듯 염불(念佛),
즉 부처님을 생각하면
부처님의 생명(生明)인 부처님의 지혜가
내 안에서 나도 모르게 올라와
내가 원하는 길로 부처님의 품(자비; 가호)안에서
부처님의 길(지혜; 가피)을 따라
나의 인생길을 편안하게 갑니다.

염불하는 불자들은 부처님이 길을 인도합니다.

염불(念佛)하시는 불자님들은
누가 와서 나를 괴롭게 하여도,
무슨 일에 괴로워도
염불만 지성으로 하면 됨이니
운명을 피할 필요도,
도망갈 필요도 없습니다.

염불은 언제 해야 할까요?
평소에도 하시면 좋겠지만 정말 필요할 때는
꼭 해야 합니다.

몸이 고통 속에 빠졌거나
정말 이 일 아니면 큰일 나거나 할 때
밤을 새우더라도 꼭 해야 합니다.
근심걱정으로 밤을 새우기보다
내 마음에 근심걱정의 마음이 새어 나오지 않게
염불(念佛)로 꽉 채워 오직 부처님의 명호만이
가득하게 합니다.

부처님을 념(念)하는 마음이 부처님입니다.
염불(念佛)은 내 몸에서 부처님의 생명(지혜)이
우러나오게 합니다.

염불은 힘들고 어려울 때 의지가 되고
힘(지혜)이 되어 하는 일마다 장애를 무사히
헤쳐 나가게 하고 어려운 곤경 속에서도 발원을
굳게 믿고 놓치지 않게 합니다.

6) 마음은 생명(生明)에너지

마음은 눈에 보이지 않는 생명(生明)으로 가득한
에너지장(場; 세계)입니다.

한 생각[마음-오온-의식]을 내는 순간
몸 안의 공간에 내가 내는 마음으로 가득 차
현실적으로 그러한 몸이 만들어집니다.

웃는 순간 나는 웃는 사람이 됩니다.
우는 순간 나는 우는 사람이 됩니다.
나는 울고 웃을 수 있는 사람임과 동시에
이를 만들어 내는 사람입니다.
내 안에는
만드는 나[창조아(創造我)]와
만들어진 나[피조아(被造我)]가 있습니다.

만드는 나[창조아(創造我)]와
만들어진 나[피조아(被造我)]가 한 몸이니
동시성으로 '만드는 순간 만들어 짐'이니
이 만들어진 나를 나라고 착각합니다.

왜냐하면 '만드는 나'는 보이지 않고,
'만들어진 나'만 보이니
이 '만들어진 나'를 나라고 여길 수밖에 없습니다.

그러나 만들어진 것[피조물(被造物)]은

분명 만들어진 것으로써 내가 될 수 없는,
나와 똑같은 생명체가 아닙니다.

이를 안다면 '만들어지는 나'는
내가 수없이 바꿀 수가 있습니다.

누가 나를 울고 웃게 하는 것이 아니라
내가 울고 웃습니다.

내 안에는 수많은 삶의 요소(要所; 생명입자)가 있고,
이를 꺼내 쓸 수 있는 기능(機能; 생명지혜)도
있습니다.
내가 꺼내 쓰는 대로 현실로 나타납니다.
내가 웃지도 울지도 않고
아무런 마음도 내지 않고 있다면
나는 웃음과 울음의 창조자(創造者)의 본연
(本然; 그대로 모습)입니다.
내 마음은 스스로 지니고 있는 보물로 가득한
눈에 보이지 않는
요술 단지[자가보장(自家寶藏)]와 같아,
무엇이건 마음먹은 대로 꺼낼 수 있습니다.

나는 본래 정해진 바가 없어 내가 정(定)한 대로
나라는 존재가 나타납니다.
나라는 본래 존재가 없기에 수많은 나를 나툽니다.
어떤 존재의 나라도
내 마음따라 다 내 안에서 꺼낼 수 있습니다.

크게는 부처마음[아뇩보리(阿耨菩提)]부터
작게는 중생복덕[건강행복(健康幸福)]의 나입니다.
그렇지 않은가요?

답(答); ....

나는 부처마음[조심(造心)]입니다.
기쁨도 슬픔도, 즐거움도 괴로움도, 미움도 이쁨도,
싫음도 좋음도, 사랑도 증오도, 우정도 배신도,
기타 등등 수많은 감정도
가난도 부귀도, 빈천도 고귀도, 명예도 출세도,
건강도 질병도, 흥함도 망함도, 등등 수많은 현실도
남이 나에게 주는 것이 아니라
내가 다 내 마음으로
내가 나에게 만들어 내지 않나요?

답(答);..........

왜냐하면 무엇이 어쩐다 하여도
다 내 몸과 내 마음 밖에서는 일어나지 않습니다.
분명 내 몸과 내 마음이니
내가 나에게 만듦이 분명합니다.
내 안에는 내가 생각으로는 헤아릴 수 없는
온갖 요소(要素)...
삶의 재료(材料)들이 가득하고
이를 마음대로 꺼내 쓸 수 있는
근본기능(의식)이 있습니다.

지금 나의 삶이 다 나의 마음재료로
내가 생각한 것들입니다.
이미 있을 것은 내 마음 안에 재료가 다 있음이니
문제는 내가 원하는 것만을 꺼내 쓰는
재주[지혜(智慧)]가 있느냐 없느냐? 입니다.

웃고만 살아도 다 못 살고 갈 세상인데
건강하고 행복하게 살고만 싶은데........
그렇게 못 살게 방해할 사람은 나 밖에는 없습니다.

내가 내 마음에 들게 잘 산다면
그 사람은 부처님께 축복받은 사람입니다.
그러나 내가 내 마음대로 되지 않는
인생(人生)이라면.....
뭔가 괴로움이 많고, 원하는 것이 노력(努力)하여도
뜻대로 안 된다면 한번 생각해 봅니다.
무엇이 문제일까요?
왜 나는 내가 내 마음인데도
자꾸만 안 좋은 것만 꺼내질까요?
왜 나는 내가 내 속상한 것만을 꺼내고 살까요?
왜 나는 내 마음인데도 내 마음대로 안 될까요?

이 괴로움을...... 이 소원을... 이 소망을....

이제 이러한 의문을 한번 가져봅니다.
이게 누구 탓일까요?
내 탓일까요, 남의 탓일까요?

누가 내 안에 이런 것들을 강제로 넣어 줄까요?
아니면 내가 내 안에 나는 어쩔 수 없다고
안 좋은 것들만 만들어 쌓아가며 살까요?

내 몸, 내 안이니 내가 문제입니다.
내가 문제를 냈으니 내가 풀어야만 합니다.

누가 괴로운가요?
답; 내가....
누가 병들었나요?
답; 내가....
누가 힘드나요?
답; 내가....
누가 망했나요?
답; 내가....
나 빼놓고 내 안에 다른 사람 살고 있나요?
답; 없습니다.
....
말하기가 어려운 말이지만........
지금 내가 그렇게 힘든 병에 고통을 받을지라도......
그렇게 힘든 암 덩어리도
내가, 내 마음으로, 내가 만들었습니다.

아무리 아니라고 우기고 싶어도
내 몸에, 내 안에 생긴 병이니
아무리 누구를 탓해도 내 안에서 생긴 것이 분명하니
내가 내 안에서 만든 것이라는 것입니다.

단지 그것을 내가 내 안에
어떻게 만들었는지 모를 뿐입니다.
이래도 저래도 어떻게 하여도
다 나를 벗어남이 없는 나만의 고통이니
내가 풀어야 할 문제입니다.

이렇게 힘든 사업 실패, 가족 간의 문제도
다 내가 만들었습니다.
아무리 싫어도
다 내가 만들었다고 먼저 인정해야 합니다.
그래야 부처님의 지혜... 일체유심조(一切唯心造)
'모든 것은 마음이 만든다.' 를 쓸 수 있습니다.
내 마음을 내가 내 마음대로 쓸 수 있습니다.

마음이 병(病)을 만들고 불행(不幸)을 만들었다면
마음이 건강(健康)도 만들고 행복(幸福)도
당연히 만들 수 있습니다.

중생지혜로 안 되는 문제이기에
부처님의 지혜가 필요합니다.
부처님의 지혜를 구하여야 합니다.
부처님의 지혜의 가르침을 청하여야 합니다.

물론 지혜의 궁극은 성불(成佛)입니다.
성불(成佛)로 가는 길이
도 일체고액(度 一切苦厄)의 길입니다.
모든 괴로움에서 벗어나는 길입니다.

부처님 지혜의 길이 중생(衆生)의
일체(一切) 고통(苦痛)고난(苦難)을 건너가는 길입니다.

마음은 부처의 길로 나아가는 공문(空門)입니다.
부처의 길로 들어가는 공문을 열면 부처의 길.
공로(空路)가 보입니다.

'마음이 모든 것을 만든다.'는 이 말이
'마음이 모든 것을 만든다.'는 믿음이
모든 것을 만들어 내는 공문(空門)을 엽니다.
마음을..... 이제
내가 원하는 마음을 꺼내 쏠 준비가 된 이들은
이미 공문(空門) 앞에 서 있음. 입니다.
나는 삼보에 귀의한 불자입니다.
먼저 공로(空路)에 들어서기 위해
다시 한 번 생각해 봅니다.

지금까지 내가 겪은 현상을
누가?   내(我)가......
어디에? 내(我) 몸에...
내(我) 마음에...
내(我) 운명에......
분명 내가 나에게 그렇게 만들었다.

분명 내 마음이 그러한 결과(結果)를 만들었다.입니다.
다 인정합니까?
답; 예......

그렇다면 새롭게 한번 크게 생각해 봅니다.

마음이 모든 것을 만들었습니다.
마음이 모든 것을 만듭니다.

이 말씀도 인정합니까?
답; 예……

그러면 이제 그 운고병고(運苦病苦)에서 벗어날 지혜의 선상에 섰습니다.

내 마음이 나의 모든 것을 만들었습니다.
내 마음이 나의 모든 것을 만듭니다.
나의 모든 것은 내가 만든 것 외에는 없습니다.
이제 내가 확실히 다시 만들기만 하면 됩니다.

이를 확실하게 안다면
이제는 내가 원하지 않는 것이 아니라,
내가 원하는 것만을
지금부터 이제 내가 다시 만들면 됩니다.

모든 것을 만들어 낼 줄 '아는 나'가
나[조심(造心); 만들어 내는 마음]입니다.

이제 내가 원하는 몸과 운명을 다시 만들면 됩니다.
이제는 원(願)하는 것만을 만들어 내는
조심(造心; 만들어 내는 마음)뿐입니다.

내가 나의 몸과 운명을 만드는데
방해할 사람은 아무도 없습니다.
있다면 그것도 내 마음뿐입니다.
안 된다 하는 것도 내 마음뿐입니다.

내 마음 내 것이니 마음부터 된다고 하여야 합니다.
된다고 하는 내 마음을 내가 믿는다면
이제 건강과 행복을 만들어내면 됩니다.
이제 건강과 행복을 만들어 낼 때가 되었습니다.

마음이 모든 것을 만들었습니다.
마음이 모든 것을 만듭니다.
이제 내가 내 마음으로 내가 원하는 것만을 만듭니다.

먼저 이제 지금부터 새로운 인생을 만들겠다는
선언(宣言)을 하여야 합니다.

이제 내가 원하는 것을 만들 수 있음을 믿습니다.

원하는 것을 먼저 부처님 앞에서 서원[誓願; 원(願)을
세우고, 그것을 이루고자 맹세하는 일]을 합니다.
이렇게 발원(發願)을 부처님 앞에서 하면
그 발원한 마음이 남아
그 마음이 발심(發心)이 됩니다.

한번 발심(發心)이 된 연후에는
그 발심(發心)이 내 마음에서 도망가지 않도록
잘 붙들어 매야 합니다.

일차적으로 그 발원(發願)을
신구의(身口意) 삼업(三業)으로
염불한번·발원한번으로 3000번 정도 반복하여
생각해 보거나(意),
글자로 써보거나(身),
입으로 말하여 봅니다(口).
왜냐하면 신구의 삼업으로
그 업을 불러들였기 때문입니다.

발심(發心)이 발원(發願)을 성취하는 마음입니다.
이 발원을 내몸 세포 속까지 붙여 넣어야 합니다.

이 발원 '명칭붙이기'에는
비밀스러운 묘법(妙法)이 담겨 있습니다.

명칭반복으로 발원생명(發願生明)이 생(生)겨납니다.
"사랑해~" 좋은 말을 반복하면 할수록
내 안에 사랑스러운 생명(生明)에너지가
점점 증가(增加)하여
내가 '명칭 부르기'로 부여한 사랑생명이
나에게서 생겨나는 것과 같습니다.

한번 할 때보다 반복할수록
마음도 좋아지고 얼굴에 미소가 지어집니다.
"개××~" 같은 나쁜 말을 반복하면 할수록
내 안에 독하고 악한 나쁜 생명(生明)에너지가
점점 증가합니다.

한번 할 때보다 반복할수록
마음도 나빠지고 얼굴에 험한 상이 지어집니다.

발원을 사자성어(四字成語; 네 글자로 정리)로 만들어
염불한번·발원한번 반복하여 되새기면
마음 깊숙이 발원(發願)이 새겨져
발심[소원성취]의 생명에너지가
마음 표면으로 올라와
강한 발원의 생명력을 발휘하게 됩니다.

웃는 현실(現實)을 원한다면 다른 마음 다 제쳐두고
웃는 마음이 일순위(一順位)가 되어야 합니다.
웃는 현실(現實)을 원한다면
먼저 웃는 마음이 발심(發心)되어 있어야 합니다.

웃는 마음이 발심(發心)이 되면
일단 웃는 일을 만들 재료(材料)가
마음 가운데 모이기 시작합니다.
웃는 마음이 웃는 일을 불러옵니다.
마음에 순수하게 웃는 마음만
가득히 순수하여야 합니다.
순수한 이 마음상으로 업을 지어 살아갑니다.

념념순일 념념정진 념념기억이 되어야 합니다.
그리고 웃는 마음[생명(生明)에너지]을 밑천으로
웃는 업[신구의(身口意)]을 지어가게 되면
당연히 웃는 일이 만들어지게 됩니다.

화를 내면 화를 내는 순간 나는 화난 사람이 되어
화난 업[신구의]을 지으니 당연히 화날 일을 만들게
됩니다.

내가 웃는 사람이 되면 웃는 마음으로
좋은 업[신구의]을 지으니
당연히 웃을 일만 만들어지게 됩니다.

만약 한순간 잘못하여 대상이야 어쨌든
웃는(좋은) 마음에서 벗어나면
웃는(좋은) 일 만들기가 중단되고
잘못된 마음으로 업을 지으니
당연히 웃는 결과(結果)에서 멀어지게 됩니다.
발심(發心)의 마음상이
업을 짓는 일순위(一順位)가 되도록 유지해야 합니다.

발심(發心)을 잃고 발심(發心)을 놓친 것은
그만큼 지금까지의 부정적 마음의 세력이
강하게 작용함이니 그럴 때마다
'염불한번·발원한번 3000번 하기'를
한 세트로 반복하여 봅니다.

발심(發心)은 성취지심
(成就之心; 성취됐을 때의 마음)입니다.
건강(健康)하고 행복(幸福)한 모습을 발원(發願)하면
당연히 그때는 건강했을 때 마음과
행복했을 때의 마음이 떠오릅니다.

건강하게 뛰어놀고, 너와 내가 행복했을 때의 마음이
떠오르게 되는 것이
발건강심(發-健康心)·발행복심(發-幸福心)입니다.

건강한 마음생명이 발원으로 생겨납니다.
행복한 마음생명이 발원으로 생겨납니다.
마음생명은 발원을 반복할 때 증가합니다.
건강한 마음생명으로 살아가면
건강한 몸이 내 몸이 됩니다.
건강한 몸이 건강한 생명으로 살아가니 건강합니다.
행복한 마음생명으로 살아가면
행복한 몸이 내 몸이 됩니다.
행복한 몸이 행복한 생명으로 살아가니 행복합니다.

아름다운 꽃을 생각하는데
찡그린 마음으로는
아름다운 꽃모습이 떠오를 수 없습니다.
아름다운 꽃은 아름다운 마음에서 나옵니다.

발원(發願)이란,
자기 마음에서 자기가 원(願)하는 모습을
피어나게 하고, 드러내어
자기 자신에게
"지금부터 내가 원(願)하는 것은 이것이다."라고
명백히 밝히는 것과 같고,
또 남에게도 자기 마음에서 원(願)하는 모습
[품성(品性)]을 드러내어

"지금부터 나는 이런 사람이다."라고
남에게도 분명히 알 수 있도록 밝히는 것과 같기에
그 원(願)하는 모습의 생명에너지
[염불(念佛)발원(發願)]를 끊임없이 불어넣어
그 생명의 에너지가 쉼없이 흘러나오도록 해야 합니다.

그 생명 에너지가 나의 발원 창조생명력입니다.
마음에서 일어나는 것은 감정, 느낌과 같은 어떤
생명의 활동 에너지가 있습니다.
그 에너지가 일어나는 생각을 현실화시킵니다.
기도는....발원은....
몸이 아니라 마음으로... 가슴으로 합니다.
발원을 현실로 현실화 하려면
그처럼 발원에 발원의 생명에너지 즉 발원에 걸맞는
느낌을 지니고 해야 합니다.
발원에 생명이 있어야 합니다.
발원에 생명이 없다면 발원을 자꾸 잊어버리게 됩니다.
발원망상이 되어버립니다.

발원에는 사람으로 본다면 영혼이 있어야 하듯
발원에도 발원의 영혼 그 생명이 있어야 합니다.
그래야 발원이 현실에 생겨나게 됩니다.

발원의 생명은 화나는 일을 보면 화가 나듯
벚꽃 구경을 가 벚꽃을 보고 즐거워하듯
발원도 발원이 성취된 모습을 보고 기뻐하거나
즐거워하는 또는 좋아하는 마음으로 발원성취된

자기의 모양과 현상을 먼저 상상하고 느끼면서
기도한다면 그 성취가 빠를 것입니다.

마음속에서 뿐만이 아니라 실제로
현실은 아직 아니라도
그러한 마음과 그러한 잘된 현실을 보듯이 만나는
사람을 대하고 산다면 더 말할 나위가 없습니다.
왜냐하면 그러한 생명에너지가 창출되기 때문입니다.

이를 발보리심처럼 발원심이라고 합니다.

'이분발원' 하기를 현실적으로 해 봅니다.
매일 아침 이분씩 부처님 앞에 앉아 있음을 떠올리며
합장공경하여 궁극적 발원을 향해가는
현실적인 오늘의 작은 발원부터 시작합니다.

"나는 오늘 건강하고 신난다."
"나는 오늘 잘 웃는다."
"나는 오늘 나의 발원을 놓치지 않는다." 등등

3일만 하여도 오전 10시까지는 발원의 생명이
사라지지 않습니다.
먼저 3일간 만이라도 되는지 안되는지 해봅니다.

일주일을 계속한다면
오전동안 발원의 생명으로 살아가게 됩니다.
21일을 계속한다면 오후까지 이어집니다.

매일 이분씩 발원 수행으로 발원에 다가가는
현실적인 발심(발원생명)이 매일매일 발원을 조금씩
성취시켜 나가는 밑천이 됩니다.

염불이 내가 목적지까지 타고 가는 차라면
발원은 내가 차를 운전하고 목적지까지 가는
차 주인과도 같습니다.
운전하다 한눈팔면 사고가 생깁니다.

발원이 업장(業障),업보(業報),업심(業心)으로 억압된
몸을 풀어내고 마음을 해방시켜 자유롭게 합니다.

업장(業障)이란
신구의 삼업으로 지은 악업에 의한 장애입니다.
업보(業報)란
선악의 행업으로 말미암은 과보(果報)입니다.
업심(業心)이란 업을 짓는 습관적인 마음입니다.

발원은 내가 어떤 원하는 일을 성취하기 위하여
내는 첫 마음입니다.
발원이 이러한 업(業)으로부터 벗어나는
지혜입니다.
가장 큰 발원의 발심은 발보리심입니다.

발원(發願)-발심(發心)이란,
과(果)를 인(因)으로 삼아 과(果)를 성취하는
지혜입니다.

7) 과를 인으로 삼는다

"과(果)를 인(因)으로 삼는다."
씨앗이 없으면 열매를 얻지 못합니다.
씨앗과 열매는 하나입니다.

발심(發心)은 내가 이미 결과[열매; 소원성취]의 마음
[이미 원을 이루고 난 마음]을
씨앗으로 심고 가꾸어 그 결실(結實)을 맺어갑니다.

마음에는 시공간(時空間)이 없어도
현실에는 시간, 공간이 있기에
씨앗을 심고 가꾸는 시간이 필요합니다.

그러나 마음이 모든 것을 만드니
아주 어려울지 몰라도
발원을 믿고 행하는 신심(信心; 믿는 마음)이
청정(淸淨)하면 즉시(卽是) 기적처럼
소원(所願)을 빠르게 성취할 수도 있습니다.

발(원)심을 내는 것이 곧바로 원(願)을 이미 이룬
결과의 마음을 쓰는 것입니다.

"과(果)를 인(因)으로 삼는다."
인과동시(因果同時)입니다.
마음에 심은 씨앗 그대로 현실에 생깁니다.

마음에도 없는 일은 현실에서 나타나지 않습니다.

결과(結果)의 마음을 인(因; 씨앗)으로 삼아 결과(結果)의
마음성취심을 가집니다.
그러한 원성취의 생명에너지를 가지고
신구의 삼업을 지으며 현실적으로 살아갈 때
그대로 발원성취를 현실로 가꾸어 나감이 됩니다.

즉 첫 마음을 놓치지 않고
그 마음을 잃지 않고
그 씨앗의 마음을 점점 더 키워가며
이를 신구의 삼업으로 표현하며
그 마음을 증폭시켜 그 목적을 향하여 나아감입니다.

과(果)를 인(因)으로 삼아 과(果)를 성취합니다.

발원성취 했을 때의 마음을 씨앗으로 삼아
그 열매를 수확합니다.
그러므로 그 마음을 놓치거나 잃어버리면
인생 농사는 헛농사가 됩니다.
과(果; 열매)가 인(因; 씨앗)과 다를 수 없습니다.

그 발원하는 좋은 마음이 바뀌면 일도 안 됩니다.
문제(問題)는 발원(發願)의 마음[발심(發心);소원성취심]을
놓치는 줄도 모르고 사는 것이….
첫 번째 틀어짐이고
두 번째는 이 발심(發心)을
저해(沮害)하는 마음을 항복(降伏) 받지 못해
자기 발심(發心)을 유지하지 못함입니다.

발심(發心)이 씨앗이니......
발심(發心)과 소원성취심 내용이 다르지 않으니
발심(發心)을 유지함이 무엇보다도 소중합니다.
튼튼한 씨앗이 잘 자라 좋은 열매를 맺습니다.
발심(發心)은,
발원(發願)을 꽃피울 마음의 씨앗과도 같습니다.

발심(發心)을 념념유지(念念維持)념념상속(念念相續)하면
이 발심(發心)은 발원(發願)을 이루는 인연(因緣)과
발원(發願)을 이뤄가는 온갖 지혜
[발심(發心)을 잃지 않는 지혜]를 내며, 또
발심(發心)은 소원을 이루는 생명(生明)에너지입니다.

어떻게 발심에 잘 머무르고 어떻게 항복받을까요?

발심에서 흘러나오는 생명(生明)에너지로
모든 발원성취를 가로막는
온갖 마음장애를 다 항복(降伏)받고 씻어냅니다.

모든 항복은 발심(發心)의 마음으로 받아 냅니다.
"발건강심"한 사람은
아픈 마음을 건강한 마음으로 항복 받습니다.
"발부자심"한 사람은
빈천한 마음을 부유한 마음으로 항복 받습니다.

발보리심(發菩提心)한 사람은 모든 것을 항복받는
마음이 처음 낸 보리심과 다르지 않습니다.

사실 몸은 마음 따라 다 할 수 있으나
마음이 몸을 안 한다 못한다 하니
몸은 마음 따라 자꾸만 안 하고 못하는 몸이 되어갑니다.
몸이 병고(病苦)노고(老苦)운고(運苦)에 빠지면
이 고심(苦心; 괴로운 마음)이 자꾸만
귀찮고 힘들고 싫은 일을 안 하려고 합니다.

그러나 귀찮고 힘들고 싫은 일도
하려면 다 할 수 있는 일들입니다.

다 할 수 있는 일들을
병고(病苦), 노고(老苦), 운고(運苦)에 빠져
괴로운 마음으로 자꾸 귀찮다·힘들다·싫다 하니 자꾸만
그러한 몸에서 빠져나오기 힘들어집니다.

귀찮고 힘들고 싫을 때,
그 귀찮고 힘들고 싫은 일을 하게 되면
귀찮고 힘들고 싫은 현실이 물러가게 됩니다.

몸이 할 수 있는 것은 못 하는 것이 없으니
귀찮고, 힘들고, 싫어도 해야 합니다.
할 수 있는 것을 한번 연습해 봅니다.
한번 시작하면 한 가지 것이라도 할 수 있습니다.

1단계
좋은 말은 언제나 할 수 있고,
좋은 표정은 언제나 지을 수 있고,

좋은 생각은 언제나 할 수 있고,
좋은 행동은 언제나 할 수 있고,
좋은 마음은 언제나 낼 수 있습니다.

2단계
즐거운 말은 언제나 할 수 있고,
즐거운 표정은 언제나 지을 수 있고,
즐거운 생각은 언제나 할 수 있고,
즐거운 행동은 언제나 할 수 있고,
즐거운 마음은 언제나 낼 수 있습니다.

3단계
기쁜 말은 언제나 할 수 있고,
기쁜 표정은 언제나 지을 수 있고,
기쁜 생각은 언제나 할 수 있고,
기쁜 행동은 언제나 할 수 있고,
기쁜 마음은 언제나 낼 수 있습니다.

4단계
사랑스런 말은 언제나 할 수 있고,
사랑스런 표정은 언제나 지을 수 있고,
사랑스런 생각은 언제나 할 수 있고,
사랑스런 행동은 언제나 할 수 있고,
사랑스런 마음은 언제나 낼 수 있습니다.

5단계
베푸는 말은 언제나 할 수 있고,

베푸는 표정은 언제나 지을 수 있고,
베푸는 생각은 언제나 할 수 있고,
베푸는 행동은 언제나 할 수 있고,
베푸는 마음은 언제나 낼 수 있습니다.
다 내가 짓고 내가 하기 때문에
연습하여 습관이 들면 못할 것이 없습니다.

정말 병고(病苦) 운고(運苦)에
힘들고 괴로운 이가 계신다면
위 다섯 단계 중 어느 것 한 가지라도
묘약(妙藥), 묘법(妙法)삼아 실천(實踐)해 보시기 바라며,
이 공덕(功德)으로 바라는바
심중소구소원(心中所求所願; 발원)이
즉시 원만히 이루어지시기를 기원드립니다.

발심(發心)의 마음을 행(行)으로 옮길 때
발원의 싹은 땅[고(苦)]을 뚫고 올라옵니다.

발심(發心)할 때 이미 원(願)하는 열매가
마음 가운데 나타남이니,
발심(發心)을 해야만
발원상이 내 마음에 나타나게 되어
이미 발원(發願)을 다 이뤘을 때의 그 몸이
먼저 내 마음에 자리잡음[씨앗뿌리기]입니다.

밤 씨앗 하나를 심어 수많은 밤 열매를 수확합니다.
밤 씨앗과 그 열매가 다르지 않습니다.

과(果)를 인(因)으로 삼아 과(果)를 성취(成就)합니다.
발심(發心)과 소원성취 했을 때의 마음이
다르지 않습니다.
발심(發心)이 곧 원(願)을 이뤘을 때 마음입니다.
제대로 바르게 된 발심(發心)이라면
발심(發心) 후(後)의 살아감은
그대로 소원성취 했을 때의 마음입니다.

발심(發心)과 성취된 이후의 마음이 다르지 않으니
과(果)가 인(因)이 되어 과(果)를 얻습니다.

발원심은 자기 마음속의 소원성취상의 마음을 드러내어
씀으로써 발원성취를 이뤄나감입니다.
마치 씨 뿌리는 농부의 마음 안에
수확하기까지의 모든 것이 먼저 다 들어있어
이를 현실에 재현하며 수확하는 것과 같습니다.

발보리심(發菩提心)으로 궁극은 부처를 이루게 됩니다.
발보리심(發菩提心) 없이는
내가 부처여도 내가 부처인 줄 모릅니다.
내가 나인 줄도 모르면
내가 나인 줄 알 날이 없습니다.
내가 내 안의 원하는 나를 찾아야
참된 나를 얻습니다.

내가 본래 행복인 줄 모르면
행복을 알 날이 없습니다.

내가 내 안의 행복을 찾아야 행복을 얻습니다.
발심(發心)은 모든 것의 씨앗이며 열매입니다.

이 씨앗이 궁극은 열매를 맺게 됨이니
처음부터 열매를 수확(收穫)하는 그날까지
발심(發心)을 놓쳐서는 안 됩니다.

만약 어떤 이가 행복한 마음을 품고 있을 때
누군가가 그 몸을 재빨리 훔쳐버리면
그 사람은 그대로 행복당체[행복 그 자체]일
것입니다.

그러나 중생(衆生)의 세계(世界)는
꿈속 세상처럼 몸과 현실이 있기에
몸으로 행복한 공간 세상(空間 世上)을 이루려면
시간이라는 요소가 필요합니다.

물론 마음을 쓰는 능력과 실력 따라
시간의 차이는 있게 마련입니다.
마음에 걸림이 없다면
발심(發心)한 그대로가 행복(幸福)입니다.
처음도 끝도 행복(幸福)일 뿐입니다.

화엄경(華嚴經)에
「초발심시변정각(初發心時便正覺)」
『처음 발심할 때 정각을 얻는다.』라 하였습니다.
첫 마음 낼 때가 바로 깨달음입니다.

일체법(一切法)이 불법(佛法)입니다.
발보리심(發菩提心)할 때 이미 보리심(菩提心)이니
보리(菩提)의 몸이 나타남입니다.
누구나 불성(佛性)이 있으니
이 불심을 즉, 발보리심으로 꺼내면 곧 부처입니다.
깨닫고자 하는 마음을 일으킨 그 지극한 마음이
깨달음과 다르지 않습니다.

잘 살고자 하는 마음을 일으킨 지극한 마음[인(因)]이
실제로 잘사는 마음[과(果)]과 다르지 않습니다.
처음 먹었던 마음(발심)을 놓치지 않으면
발원을 이루지 못할 까닭이 없습니다.

문제는 이 발원[목적(目的)]을 자꾸만 잊고 살아가기에
인생길을 가도 원하는 곳이 없기에
갈 곳이 없이 헤매며 살고 있는지도 모릅니다.
그때그때 발원으로 내 쉴 곳도, 내 살 집도 마련합니다.

내가 내 발원을 100% 완전히 믿는다면
누구에게나 긍정적이 될 것입니다.
긍정심이 자비심의 지혜를 내는 마음입니다.
내 발원을 믿는 마음이 100% 확실하면 그것은
반드시 가장 쉽고 빠르게 이루어집니다.

신심청정 즉생실상
내가 부처라는 신심이 청정하면 즉시
부처가 드러난다는 말씀입니다.

8) 인과동시(因果同時)

마음에서 생각하는 순간(瞬間)
즉시 내 몸에 현실로 나타납니다.
인과(因果)가 동시(同時)입니다.
마음 내는 즉시(卽是) 몸으로 나타납니다.
마음과 몸은 하나입니다.
몸과 신구의(身口意) 삼업(三業)은 하나입니다.
신구의 삼업과 현실(現實)은 하나입니다.

마음이 현실을 만들 때 쓰는 도구가
신구의 삼업(三業)입니다.
눈에 보이는 현실(現實)은
눈에 보이지 않는 마음이 만들어 냅니다.

나는 만들어 낼 줄 아는 창조자(創造者)임과 동시에
만들어지는 피조자(被造者)입니다.

창조자(創造者)와 피조자(被造者)가 한 몸이니
만듦과 동시에 나타나 버려서
내가 '만들어 낸 나'를 나라고 착각합니다.

나는 '만들어 낸 나'가 나가 아니고
'만들어 낼 줄 아는 나'가 나입니다.
내가 무엇이든 만들어 내는 나가 나입니다.
내가 만들어 낸 나를 가지고
울고불고할 일은 없습니다.

아무리 나라고 우겨도 그것은, 내가 만든 나이지,
내가 아니라 내가 '만들어 낸 나' 일 뿐입니다.
나는 내가 만든 피조아(被造我)일 뿐입니다.

내가 만들어 낸 나는.......
만약 내가 화를 내면 나는 화난 사람이 됩니다.
그런데 내가 만들어 낸
그 화난 사람을 나(我)라고 착각하면,
그 화난 사람이 마치 몽중아(夢中我; 꿈속에서 나라고
여기고 사는 나)처럼 꿈 깰 때까지
화난 사람 역할[화난 환신(幻身)]을 하다가
마음이 바뀌면 꿈 깨듯 사라지고,
또 자기가 만들어 낸 사람을 자기라고
꿈꾸듯 살아가기를 반복합니다.

나는 나의 환신(幻身)을 만들어
그 환신(幻身)을 가지고 살아가는 나일 뿐,
내가 만든 환신(幻身)이 나가 아님을
분명하고 확실(確實)하게 안다면,
내가 만든 환신(幻身)이 내 마음에 안들 때,
나는 '내가 만든 나'를 다시 만들어서
내 마음에 드는 이 환신(幻身)을 가지고
잘 살아갈 수 있습니다.

이제 내 마음에 드는 나를 내가 만들어 살 줄 압니다.
이 세상 즐겁게 서로 사랑하며 살아도
다 못 살고 갑니다.

이왕이면 내가 나(我)를 만드는 나(我)이니,
나를 즐겁게 사랑하는 이로 만들어 살아봅니다.
내가 나를 먼저 잘 만들면 세상이 달라 보입니다.

즐거운 마음으로 먼 산을 보아도 마음이 편해집니다.
꿈속에 나타난 몽중아(夢中我)가
아무리 꿈속에서는 나(我) 같아도
이는 잠자는 나(我)가 만들어 낸 나,
[나의 환신(幻身)]일 뿐입니다.

현실의 나도 이와 같아 현실을 살아가는
이 현상아(現相我)도 나(我)가 아니라
내 마음이 만들어 낸 나(我)일 뿐입니다.
내가 수시로
내 마음으로 나를 만들어 내가며 사는....
내 마음의 환신(幻身)인 나(我)일 뿐입니다.

즉 허깨비같이 허망하고 그때그때 마음따라
일어나고 사라지는 덧없는 몸입니다.

나는 내가 만든 나를 상대하면서 살아가는 나입니다.
내가 만든 나를 나로 알고 다시 만들 줄 모르고
이 잘못 만든 나를 가지고 진짜 나처럼 살아갑니다.
가짜나를 진짜로 알면 진짜는 가짜가 되어버립니다.
내가 참으로 진짜나와 가짜나를 알면
만들어진 내가 아니라 만들어 내는 나만을
나로 알고 살게 됩니다.

내가 나를 만드는 창조의 입장에서 살면
어떤 괴로움의 나도 내가 만든 것이기에
내가 다 해결할 수가 있습니다.
내가 만든 나의 주인이기 때문입니다.

즉 창조아(創造我)와 피조아(被造我)가
한 몸인 줄 안다면,
내가 만들어 낸 나를 나라고 자꾸만
속을 일이 없습니다.

내가 만들어 낸 나(我)가 마음에 안 들면
반복해서 마음에 들 때까지 만들면 됩니다.

그동안 오랫동안 그렇게 살아왔기에
이 버릇[업습(業習)]을 버리지 못하면
'만든 나'를 나라고 착각하기 쉽습니다.
그러나 내 마음이고 내 몸이기에
쉽다면 쉽고, 어렵다면 어려운 일입니다.

내 마음이 자기가 만든 몸[환신(幻身)]을
나라고 여기고 이를 나로 알아
자꾸만 내가 만든 이 환신(幻身)을
주인(主人)으로 여겨 자청(自請)하여
내 마음이 만든 나의 종을 주인 대접합니다.

내가 만든 나를 나로 여김이니 이는
천부당만부당(千不當萬不當)한 일입니다.

이는 마치 몽중아를 나라고
꿈속에서 사는 것과 같습니다.
내 마음이 화를 내고 화난 사람이 나인 줄 알아
화난 나의 환신(幻身)을 진짜로 여겨 남을 해치고,
그 남을 해친 대가를
내 몸과 내 마음이 다 받고 삽니다.

내가 만든 내가 나 같아도 내가 만든 나입니다.
내가, 내가 만든 내 마음의 종노릇 그만하고
주인 대접받고 싶다면
다시 주인으로 돌아와야 합니다.
내 마음에 안 들면 내가 나의 종신세입니다.

주인(主人)과 종이 한 몸이니
종이 주인 노릇을 시작하면,
주인(主人)은 종 안으로
깊숙이 밀려 들어가 있게 됩니다.
다시 주인을 종 위로 불러와
종의 주인위치에서 이 종을 부리고 살아야 합니다.

당나라의 서암스님은 매일 스스로 주인공을 부르고
스스로 대답하였다고 합니다.

"주인공아!"라고 부르고는
스스로 "예!"하고 대답했습니다.
"성성하게 깨어있어 남에게 속지 마라."
"예, 예!"하고 스스로 묻고 답하곤 하였답니다.

주인도, 종도, 부르는 이도
결국 한사람[마음]이지만 역할이 다르니
내가 원하는 나로 살아야
궁극은 마음에 걸림 없는 '부처님 길 따라' 갑니다.

마음공부는
내가 내 마음의 주인으로 살면서
그 마음을 깨닫는 공부입니다.

내 마음이 지금 내 마음에 안 든다면
이는 내 마음이 아니고,
내가 만든 종의 마음이니,
이 종의 몸을 나라고 여기고 있음입니다.
곧바로 주인의 위치를 되찾아
이 종을 부리면 됩니다.

마음공부는
잠자는 이가 잠에서 깨어서
몽중아(夢中我; 꿈속에서 나라고 여기고 사는 나)에서
벗어나듯이,
현실에서도 먼저
내가 만들어 내는 나[현상아(現相我)의 마음현상]를
나라고 여기지 않고,
내가 그때그때 만들어 내는 나를
나라고 속지 않게 항상 깨어있어서,
이 몸을 내가 내 마음대로 쓰고 사는
주인이 되는 공부입니다.

수처작주 입처개진(隨處作主 立處皆眞)
'가는 곳마다 주인이 되어라.
그러면 있는 곳마다 참되다.'
어느 곳이든 가는 곳마다 주인이 살아라. 는
말씀입니다.

내 마음, 내 마음에 맞게 살면 마음에 걸림 없으니
마음은 공로(空路)에 서 있음입니다.
지금 누가 사나요?
괴롭게 사는 것이 진짜일까요, 가짜일까요?
즐겁게 사는 것이 진짜일까요, 가짜일까요?
가짜는 괴롭고, 진짜는 항상 편안합니다.

지금 즐겁지 못하다 하여도
괴롭게 사는 것은 내가 원치 않는 가짜입니다.
진짜는 내가 원하는 즐겁게 사는 것이
진짜 내 마음입니다.
진짜는 내가 즐겁게 잘사는 것이 진짜 나입니다.

이제 내 마음에 안 드는 나는
내가 잘못 만든 가짜 나인 줄 압니다.
내가 만든 가짜 나를 계속 나라고 속지 않아야
이 가짜 나를 나라고 여기지 않고
다시 내 마음에 드는 나를 만들어 살면 됩니다.
이 몸은 내가 원하는 나를 만드는 나[몸]입니다.
원(願)하는 나가 나올 때까지 마음공부를 하며
만들어 갑니다.

이 내가 만들어 내는 피조아(被造我)는
내 마음의 창조아(創造我)가 낸 문제를 풀어가는
현상아(現相我)입니다.

현상아(現相我)는 내 마음의 문제를 풀어나가는
문제 풀이하는 나(我)입니다.
현상아(現相我)는 마음문제 풀이를 위하여
마음공부 하는 학인(學人)입니다.

마음공부 하는 곳이 부처님이 계시는 곳입니다.
가는 곳마다 부처님이 아니 계시는 곳이 없습니다.
서 있는 곳마다 부처님이 계시는 도량(道場)이고
각량(覺場)입니다.
만나는 이가 나의 스승이고 부처님입니다.
지금 서 있는 곳이 다 도량입니다.

만약 내가 어떤 문제를 해결(解決)해야 하는데
이 몸이 허공같이 몸이 없다면
어떻게 문제를 풀어야 할까요?

아마도 상상(想像)으로,
꿈속 몽중아(夢中我)처럼 상상(想像)으로
꿈 세상을 만들어 문제를 풀게 해야 되겠지요?

마음에 드는 답(答)이 나올 때까지 반복하여
답(答)을 찾아야 하겠지요?
답을 찾는 나가 나이지
문제에 괴로워하는 나는 나가 아닙니다.

이 현실도 내가 현상아(現相我)의 나란나를 내세워
나의 답(答)을 찾아가는 과정(科程)과도 같습니다.
아무리 복잡한 문제도
풀만 하니까 내가 나에게 낸 문제입니다.
문제에는 반드시 답(答)이 있습니다.

문제의 답(答)은
건강·부귀·사랑·행복·평화 등등 일 것입니다.

지금 당면한 문제가
아무리 괴로워도, 싫어도, 힘들어도
지금 시절에 풀 만하니까
내가 나에게 던져준 문제입니다.

내가 그 사람과 그래도 잘 살만하니
내가 선택하여 만난 것입니다.

아무리 아니라고 하여도
나를 벗어남이 없으니
내가 나에게 낸 문제이고,
내가 나에게 만나게 한 사람입니다.

다 내 문제이지
남의 문제를 내가 푸는 것이 아닙니다.
아무리 남의 문제(問題)인 것 같아도
내가 풀어야 만 되는 것이라면,
그것은 나의 문제이지 남의 문제가 아닙니다.

아마도 지난 세월까지는
지금과 같은 문제를 풀지 못하여
오늘에야 이 문제를 내가 나에게 풀 수 있기에
고민(苦悶)거리로 제공(提供)하였는지도 모릅니다.

모든 일은 받을 만하니 받게 됩니다.
돈 없는 사람이 돈 떼일 일 없습니다.

네가 있으니 너 때문에 괴롭고 즐겁습니다.
네가 없다면 너 때문에 괴롭고 즐거울 일도 없습니다.
다 내가 만난 나의 인연들입니다.

살면서 내가 만나고 풀어야 될 문제가 있다면
그것은 나를 벗어남이 없으니
지금 일어나는 모든 일은
내가 언젠가 풀어야 될 문제이기에
다 내가 나에게 언젠가 기약해 놓은 일들입니다.

무언가 이생에서 풀고 가야 될 숙제라 여기면
어렵지 않습니다.
왜냐하면 내 문제는 내 안에 답이 있기 때문입니다.
답이 있는 것을 알면 찾기만 하면 됩니다.
어쩌면 내 문제를 남이 낸 문제로 보고
남이 풀어줘야 된다고 하기에
괴로움을 내가 직접 풀지 않으려 하기에
안된다고 계속 괴로워하기만 하고 있을지 모릅니다.
무엇인가 생각을 바꿔 내가 풀기 시작해 봅니다.

내 속에는 내가 낸 문제 밖에는 없습니다.
바깥일이 잘 되고 안 되고,
그 사람이 잘하고 못하고를 떠나서
먼저 내 마음의 문제입니다.
다 내 마음이 시작한 문제입니다.
그 끝도 내 마음이 결론을 내야 합니다.

만약 이생에 이 문제를 풀지 못한다면
다음 생에는 이 문제를 풀기 위해서
이보다 못한 인생을 살아야 할지 모릅니다.
왜냐하면 지금 정도보다 못한 인생을 살다 보면
또 이보다 못한 사람들을 만나 살면서
그러한 경험들을 한다면
그 다음 생은 지금 삶 정도는 별문제가 안 될지도
모릅니다.

아무리 마음에 안 드는 사람이라도
좋은 마음으로 대해야 합니다.
마음은 내가 내는 것이기에 마음에
안 드는 사람에게도 내가 좋은 마음을 내려고 하면
얼마든지 낼 수가 있습니다.
억지 같은 이야기를 하나 해봅니다.

전생에 1등한 아이를 만났던 부모는
이생에 만난 아이가 2등, 3등만 해도 괴로울 것입니다.
그러나 전생에 30명중에 꼴등만 하던 아이를 만났던
부모는 29등, 28등만 하여도 기쁠 것입니다.

만약, 10대 때리는 사람을 만났을 때
이 괴로움의 문제를 풀지 못한다면 ....
이를 용서하거나 이해하지 못한다면......
원망과 원심만을 지니고 산다면.........
다음번에는 20대 30대 때릴 사람을 만날지도
모릅니다.
그러면 이생에 10대 때리는 사람을
이보다는 좀 낫게 생각하겠지요?

분명 내가 이러한 인연을 만났으니
무엇인가 풀어야 될 나만의 이유가 있는 것입니다.
이생에서는 도무지 이해가 안 되는 문제여도
내가 그러한 인연을 만났으니 반드시 내가 나에게
이생이면 풀 수 있으니 내어놓은 문제입니다.

누구나 잘 살기를, 잘되기를 원하는 마음으로 시작한
일입니다.
'아직 끝나지 않은 것은 끝난 것은 아닙니다.'는
인과(因果)? 인과가 무엇일까요?
인과(因果)... 원인이 있으면 반드시 결과가 있고
처음이 있으면 반드시 끝이 있다는 말입니다.

내가 발원이 있으면
그 발원이 원인이 되어 그 결과 즉
그 발원은 반드시 성취된다는 말입니다.
그런데 아직 결과가 끝남이 없는데 스스로
자기발원을 포기하거나 부정하는 마음이 문제입니다.

이미 발원을 시작한 순간 '시작이 반이다'는 말처럼
그 발원성취의 반환점을 돌아 목적지를 향하여
들어오고 있음.입니다.

혹 중간에 나쁜 일이 많아도
그 나쁜 일이 손해가 아니라 내가 이생에 깨우치고
나아가야 될 내 인생길을 가는데 꼭 필요한 일이고
좋은 일이 많다면 이제 목적지로 나아가는 더더욱 좋을
일입니다.

아직은 잘되기를 바라는 마음이 있고 끝날 때까지는
끝난 것이 아닙니다.

지금 만나 함께 살아가는 사람들과
화해하고 즐겁게 살지 못한다면
언젠가는 지금보다 어려운 사람을 만나
살게 되면서 이생의 이 정도 문제들은
쉽게 풀어가는 지혜를 깨닫게 될지도 모릅니다.

내가 풀지 못할 문제는 만나지 못합니다.
내가 다 감당할 만하기에
지금 이 문제를 만나게 된 것입니다.

다 내가 나에게 이유가 있기에
그러한 문제를 만나게 된 것입니다.
인과(因果)가 분명합니다.
이 정도는 괜찮아, 하고 마주쳐야 쉽게 지나갑니다.

사실 다.... 이 정도면 다 괜찮습니다.
나보다 힘들고 지친 사람들도 많습니다.

내가 힘든 것을 마음에 담고 살아가는 한
알게 모르게 내가 나를 괴롭히는 원흉이 됩니다.
내 마음이 내 속에서 만들어 낸 화 덩어리입니다.

다 꿈처럼 기쁘나, 슬프나
이생 현실도 내 마음속 내가 만들어 겪는
내 일이기 때문입니다.

문제가 있다면 무얼 따지기 전에
어차피 내가 나에게 낸 풀어야 될 문제라 여기고
풀려고만 하면 풀리게 되어 있습니다.

문제아(問題我)는
진짜 내가 아니고 '가짜나' 이기에
즉, 내가 문제를 풀기 위해서 만든
허깨비 같은 나이기에
이 나를 가지고 이리저리 풀다 보면
결국은 해결이 됩니다.

풀지 않으면 인생 재수생이 됩니다.
이왕 만난 것 잘 만났구나. 하고
문제 풀이를 피하지 않고 내가 나서서 풀어봅니다.
진짜나는 풀려고 하면 누구든 다 풀 수 있습니다.
이 '가짜 나'...
문제아를 나라고 여기면 문제를 풀지 못합니다.

문제아는 '푸는 나'가 있어야 풉니다.
어차피 내 마음, 내 인생 속, 내 일이니
좋게 풀고 가야 합니다.

이 문제아를 가짜 나로 알게 되면
이 가짜 나에 속아 더 이상 고통받을 일이 없습니다.
나의 인생이 이런 문제를 지닌 가짜 나를 통하여
진짜 나의 인생학습....... 시험점수가
오르막인지 내리막인지는 스스로 알 수 있습니다.
주어진 문제를 잘 풀면 점수(행복지수)가 올라가고
못 풀면 점수가 내려갑니다.

세상에 별의별 일이 많아도
내 문제를 풀 사람은 나(我)뿐입니다.
세상에 별의별 사람이 많아도
내가 만난 사람은 분명 내가 만난 것임에는
틀림이 없습니다.

내가 만난 사람은 내 문제 풀어줄 귀인(貴人)입니다.
아무리 문제 되는 일이 많고
문제 되는 사람이 많다고 하여도 많지 않습니다.
문제 있는 사람은 나 혼자 밖에 없습니다.
나만 해결하면 다 해결이 됩니다.
나 뿐이라면 이미 다 해결되었습니다.
그 문제도 따지고 보면
내욕심, 내감정, 내생각, 내의지, 내인식의 문제이지
정말 다른 문제는 아닙니다.

먼저 내욕심, 내감정, 내생각, 내의지, 내인식을 다
내려놓고 객관적으로 남의 일처럼 생각해 봅니다.
내가 주려는 것인지 받으려는 것인지
남이 나에게 안 준다고, 안 해준다고 그러는 것인지
내가 남에게 주려고, 해주려고 하는데 그러는 것인지
먼저 생각해 봅니다.

친구가 정말 어렵다고 사정해서
나도 어렵게 대출받은 돈을 빌려줬는데
그 친구가 갚지 않습니다.
이제는 내가 정말 급합니다.
그런데 친구가 이 핑계, 저 핑계
돈을 돌려주지 않습니다.
세상에 이럴 수가 있나 합니다.
세상에 이렇게 나쁜 사람이 있나 합니다.

누가 돈을 빌려주었나요?
답: 나입니다.
누가 돈을 돌려받아야 하나요?
답: 나입니다.
누가 돈을 못 받고 있나요?
답: 나입니다.
누가 화가 나나요?
답: 나입니다.
누가 그 사람을 나쁘다고 하나요?
답: 나입니다.
다 나(我)입니다.

처음부터 다 나뿐이니
내가 다 나에게 만들어 낸 문제임을 안다면
이제는 내가 다 답을 풀어야 될 문제입니다.

세상에 나쁜 사람이 돈을 갚겠습니까?
답: 아니요.
누가 나쁜 사람이라고 하나요?
답: 나입니다.
그러면 나는 나쁜 사람에게 돈을 받을 수 있나요?
답: 없습니다.
그러면 어떻게 해야 할까요?
답: 다시 좋은 친구로 만들어야 합니다.

그 친구를 진심으로 축복하여야 합니다.
진심으로 축복을 반복할수록
나쁜 마음이 무심(無心)이 되고
이 무심(無心)에서 진실한 축복심의 좋은 마음이
생겨납니다.

처음에는 진심(眞心)이 아닐지라도 반복하다 보면
축복(祝福)의 좋은 마음, 진심이 생겨납니다.
좋은 사람, 나쁜 사람 다 내가 만드니
일단 내가 만든 나쁜 사람을 좋은 사람으로
돌려놓습니다.

"사랑합니다. 감사합니다. 부자되세요.
 건강하고 행복하세요."를 주문처럼 반복해봅니다.

여기서 배울 점은 두 가지입니다.
돈을 떼인 사람의 마음 아픈 경험과
돈을 받는 지혜입니다.

내가 나에게 이런 문제를 낸 것은
아마도 언젠가 나도 남의 돈을 갚지 않았던
지금의 내가 나도 남에게 돈 떼이는 경험을 통하여
그때 겪었을 남의 고통을 겪어 봄으로써
내 마음의 빚을 청산하기 위한
인과적인 선택 이었을지도 모릅니다.

내가 그런 일을 하거나,
그런 사람을 만나지 않았다면
그런 일은 없었을 것입니다.
그런데 내가 이유가 있어
이생에 내가 그러한 인연을 지었습니다.

인생은 무언가를 깨닫기 위해서 살아갑니다.

또 하나는 돈은 나갈 운에 나가고
들어올 운에 들어옵니다.
이것 또한 인과적인 선택입니다.
이왕 나갈 운이라면
친한 사람에게 나가는 것이 좋습니다.
지금 당장 내가 누구에게 100만원을 주어야
내가 그 돈 이상 다른 손해를 보지 않는다면....
내 몸이 다쳐 그 병원비가 들어가지 않는다면.....

아마도 당연히 그 돈이 필요한 친한 사람에게
먼저 주어버리게 될 것입니다.

내 돈 나갈 업도 내 직접 당할 손해 없이 끄고
어려운 친구 도와주는 복도 짓는 일입니다.

들어올 운이 있다면 꼭 그 사람 아니라도
다른 곳에서 들어옵니다.
꼭 그 사람에게 애달플 일은 없습니다.

아직은 들어올 운이 아니라면,
인과적인 때가 아니라면,
조금 더 기다리거나
아니라면……
바쁘다면 들어올 복을 먼저 지어야 합니다.

자작자수(自作自受); 스스로 지어 스스로 받는다.
나갈 업과 받을 업이 다르니
받을 때는 받을 업을 지어야 합니다.

꼭 그 사람에게 받아야만 되겠다면
우선 그 사람을 좋은 사람으로 만들어야 합니다.

그 사람을 상대하여도
내가 그 사람에게 짓는 좋은 업의 인연으로
받을 때가 되면
어디서 들어와도 그 돈은 들어오게 되어 있습니다.

이 현상아(現相我)가 내(我)가 아니라
꿈속 몽중아(夢中我)처럼, 내가 만든 나(我)처럼
내가 이 세상을 살아가기 위해서
지니고 온 몸이라 여기고 이 현상아를 이용하여
내가 인생 문제를 내어놓고 해결하는
해결아(解決我)로 삼아 살아간다면
모든 일에 괴롭거나 싫어하거나 힘들어 함이 없이
미래를 위하여 공부하는 학생들처럼
열심히 답(答; 건강·행복·사랑·평화)을 풀어가는
지혜를 성취하는 데 부족함이 없을 것입니다.

어차피 만난 인연 해결하고 가야 합니다.
내 마음에 들 때까지 결국은 풀고 풀어야 하기에
내가 만든나를 고치고 고쳐야 합니다.

내가 만든 나와 만들어진 나를 동일시하지 않고
내가 만든 나가 마음에 안 들면 마음에 들 때까지
마음에 들게 만들어 그 나를 앞세워 살아갑니다.

모든 불자(佛子)의 대원(大願; 큰원)은
작불(作佛) - 부처만들기[깨달음]
득작불(得作佛) 성불(性佛)입니다.

　　　　원공법계제중생　자타일시성불도
　　　　願共法界諸衆生　自他一時成佛道

원하옵건대 법계의 모든 중생 다 같이 성불하여이다.

9) 나는 너를, 너는 나를 창조한다.

나는 너를 만들고, 너는 나를 만든다.
나는 너를 창조하고, 너는 나를 창조한다.

여기서 말하는 만든다는 개념(槪念)은
'없는 물건을 만들어 낸다.'
'사람을 내 마음대로 한다.'는 것이 아니라
내가 내 마음으로
내가 보고 싶은 대로 보고,
내가 생각하고 싶은 대로 생각하고,
내가 무엇이든 정하여 그렇게 여김이니
이는 내가 내 마음대로 무엇이든 만들어
그렇게 봄이니.......
이를 '내가 만든다.'
이를 '내가 창조한다.' 함입니다.

즉 무엇을 보든, 듣든, 생각하든
내가 내 마음으로 만들기를 시작합니다.
즉 무엇을 보든
내가 내 마음으로 창조(創造)하기를 시작합니다.

가족 간에도 아버지 한 사람을 두고
각자, 보는 사람 마음 따라 다 다르게 봅니다.

친구 간에도 한 친구를 두고도
보는 사람마다 다 다르게
자기 마음대로 정(定)하여 봅니다.

그것마저도 그때그때 이렇게 저렇게 날마다
마음이 변합니다.

고양이 한 마리, 꽃 한 송이도
같은 고양이, 같은 꽃인데
보는 사람마다 보는 사람 마음 인연 따라
다 다르게 봅니다.
같은 대상과 같은 사람을 내가 보면서도
한결같이 똑같이 보지 못하고
그때그때 내 마음 따라 다 다르게
내가 정하여 봅니다.

그렇게 내가 만들어 봅니다.
내가 창조하여 그렇게 봅니다.
나도 너를 내 마음으로 그때그때
그렇게 만들어(창조하여) 보고
너도 나를 네 마음으로 그때그때
그렇게 만들어(창조하여) 봅니다.
나는 모든 사물도 내 마음대로
그때그때 내가 만든 대로 봅니다.

내가 내 마음으로 모든 것을 그렇게 만든 대로
내가 너를 그렇게 만들어(창조하여) 봅니다.
나는 좋은 것을 창조하는 창조자인가요?
내가 다 모든 것을 마음에서 만든 대로 봄이니
이를 내가 다 그렇게
내 마음에서 만들어 냄(창조함)입니다.

어떤 것 한 가지도.....
내 마음이 먼저 그렇게 봄으로써
그렇게 존재하게 됩니다.

내가 있는 모든 것의 성질을 내 마음대로
그렇게 정합니다.
정(定)하는 순간 그것은 나만의 현실이 됩니다.
결국은 모든 일은 내가,
내가 만든 현실을 끝없이 상대하면서
나만의 세상을 만들며 그걸 가지고
내가 이렇다 저렇다 살아갑니다.

길가에 버려진 새끼줄 하나도 뱀으로 보면
실제 뱀 보듯 놀랍니다.
내가 새끼줄도 내 마음에서 뱀으로 만들어서 보는 즉시
나에게 만큼은 새끼줄도 뱀으로 창조됨입니다.

눈앞의 한 사람도 내 마음 따라
그때그때 만들어서(창조해서)
이쁜 사람, 미운 사람으로 보게 됩니다.

이쁜 사람을 만들면 이쁜 사람과 행복하게 살아갑니다.
미운 사람은 만들면 미운 사람과 불행하게 살아갑니다.

그 사람이 본래 이쁜 사람이고, 미운 사람이라면
그 사람을 보는 모든 이가 다 그렇게 보겠지만
그렇지 않고

보는 사람마다 자기 인연 따라 다르게 봄[창조함]이니
그 사람이 그런 것이 아니라 보는 사람이
자기 마음으로 그렇게 창조하여 봄입니다.

나도 그렇고 너도 그렇습니다.
나는 너를 창조하고 너는 나를 창조합니다.
내가 창조한 대로 나만은 그 사람을 시시각각(時時刻刻)
그렇게 보고 내 인생을 살아갑니다.
나는 내 마음대로 너를 만들고
너는 네 마음대로 나를 만들어 봅니다.

새끼가 뱀이 아니듯 나도 너도,
진실은 내가 너를, 네가 나를 만들어 낸 것이니
나도 너도 아닙니다.

자기 마음 인연 따라
만들어 낸 허상일 뿐입니다.
자기가 만들어 내는 허상을 가지고 그때그때
이럴 때는 이렇게, 저럴 때는 저렇게 만들어
진짜라고 여기고,
그처럼 자기가 만든 것을 진짜라 여기고 살아갑니다.

내가 만든 내 마음 인연 빼놓고는 실제로
그렇게 존재하는 것은 하나도 없습니다.
내가 내 이기심[탐애욕(貪愛慾)]의 인연(因緣) 따라
만들어 내어 그렇게 창조(創造)하여 보는
나만의 창조 현상일 뿐입니다.

나만의 세상을 내가 만들었으니
나만이 그렇게 살아갑니다.
다 만들어 낸 허구(虛構; 사실에 없는 일을 사실처럼 꾸며
만듦)적인 삶입니다.

어쨌든 모두가 다 자기 인생 창조(創造)의
주체(主體)입니다.
자기 인생 창조주입니다.
내 인생 창조주는 나이고
내가 내 인생을 만들어 가는 창조주입니다.
내가 만든 내 인생이 분명하니
내가 다시 만들면 되니
괴로워할 일이 아니라 마음이 내 뜻대로
만드는 지혜를 마음공부 하여봅니다.

세상도 내가 내 마음대로 봅니다.
나만의 풍경이고 나만의 세상입니다.
너는 나만의 너이고
세상 또한 나만의 세상이 그러합니다.
똑같이 보는 세상은 없습니다.
자기가 창조(創造)하는 일이 실패하든 성공하든
다 자기가 그렇게 창조(創造)하는 일입니다.

나는 내 인생(人生)의 창조자(創造者)입니다.
내가 내 마음을 이렇게 저렇게 만들고
이 마음으로 내가 업(業)을 짓고 내가 이 업(業)으로
나의 현실(現實)을 만들어(창조하여) 갑니다.

된다, 안 된다. 한다, 못 한다.
간다, 안 간다. 좋다, 싫다. 등등
이런다, 저런다. 가
다 자기가 자기 마음으로
그렇게 정(定)하고 만들어 냅니다.

다 자기가 창조(創造)함.입니다.
무엇하나 자기가 만들지 않는 것은 없습니다.
내 마음에 본래 무엇 하나 없지만
내가 무엇이라고 정(定)하는 순간
그것은 나만의 현실(現實)로 나타납니다.

내가 정(定)한 것처럼
나와 똑같이 보는 사람은 없습니다.
나도 그 순간뿐 마음이 수시로 변합니다.
한순간도 마음은 정지함이 없습니다.
마음이 변하지 않는 때는 없습니다.
마음은 창조를 멈출 때가 없습니다.
다 그때그때 자기 인연(因緣)으로
자기만의 현실을 만들어 살아갑니다.

일체유심조(一切唯心造)의 조심(造心)은
즉 모든 것을 만들어 내는 창조하는 마음은
누구에게나 있습니다.
단지 그 마음을 쓰는 지혜의 차이만 있을 뿐입니다.

부처지혜 중생무지

좋은 마음을 쓰느냐? 나쁜 마음을 쓰느냐?
이기심을 쓰느냐? 이타심을 쓰느냐?
이익을 볼 것이냐? 손해를 볼 것이냐?

내 마음입니다.
내가 내 마음 마음대로 쓰나,
쓰는 마음 따라 그 결과도 내 책임입니다.
옳으냐 그르냐? 맞냐 틀리냐? 좋으냐 나쁘냐?
부처지혜와 중생무지의 차이입니다.
중생무지의 지혜도 저마다 차이가 있습니다.
그러나 그 창조하는 마음은
부처와 나도 똑같이 공유하는 한마음입니다.
불자(佛子)님들은 궁극적(窮極的)으로
부처님의 지혜(智慧)를 깨달아가는 사람들입니다.
법계 생멸의 지혜를 깨닫는
대열반 속에 든 사람들입니다.

모든 현실현상도 항상 '일어남 사라짐'입니다.

제행무상(諸行無常) 제법공상(諸法空相)

모든 것은 변하게 마련입니다.
영원한 것은 없습니다.
영원한 것이 굳이 있다면 마음뿐입니다.

영원한 괴로움도 영원한 즐거움도 없습니다.
영원한 실패도 영원한 성공도 없습니다.
영원한 불행도 영원한 행복도 없습니다.

불행하지 않으려면
행복에 너무 집착하지 않습니다.
망하지 않으려면
돈 버는 일에 너무 집착하지 않습니다.

인과법에 따라 먼저 베풀면
남보다 먼저 행복하고 남보다 먼저 돈을 법니다.
베푸는 일이 행(行)마다 따른다면
행복도 돈도 나를 따르게 됩니다.
버는 일보다 베푸는 일을 먼저 합니다.
베푸는 일이 버는 일입니다.
나는 먼저 베푸는 사람일까요?
나는 먼저 달라는 사람일까요?

아무리 큰 고통도, 아무리 큰 고난도
다 시간 따라 사라지고 맙니다.

이 변화의 원칙을 안다면
언제라도 내가 원하는 것으로
바꾸어 만들어 낼 수 있습니다.

항상 변하기에 좋은 것입니다.
그 변화의 주인공이 나이기 때문입니다.
지금 현상이 싫으면 내가 변화시키면 됩니다.

지금의 내 마음만 내가 원하는 마음으로 바꾸어
새로운 발심(發心)을 하면 됩니다.

베푸는 마음 발상(發想)입니다.
베푸는 마음 발심(發心)입니다.

발보리심(發菩提心)이 발제도심(發濟度心)입니다.
발제도심(發濟度心)이 발보시심(發布施心)입니다.

보시는 남의 이익을 먼저 위함입니다.
히말라야 설산(雪山)을 오르는 훈련(訓鍊)을 하는
사람들은 동네 야산(野山) 정도는 한 발로도 뛰어서
올라갑니다.
부처의 길을 가는 이들은 중생의 길 정도는
부처님의 지혜로 쉽게 갈 수 있습니다.
부처님의 지혜는
발보시심(發布施心)에서 나옵니다.

참으로 부처님의 품 안에 든 이들은 행복합니다.

눈앞의 설산(雪山) 오르기는
체력(體力)도 끈기도 인내도 필요하여 연습하지만
부처님의 지혜는
본래 누구나 다 가지고 있어
따로 연습할 필요가 없이 믿음만 청정하다면 필요할 때
곧바로 즉시 꺼내 쓰면 그만입니다.

부처님의 지혜는 단 한 가지뿐입니다.

'마음이 모든 것을 만든다.'
'내 마음이 모든 것을 창조(創造)한다.'

'내 마음이 못 만들어 내는 것이 없다.' 입니다.

된다 안된다. 한다 못한다. 가
다 다른 사람이 아닌 자기 마음일일 뿐입니다.

마음을 내지 않았다면
된다 안된다. 한다 못한다. 가 아예 없습니다.
그러나 이왕이면 된다, 한다는 마음을 내어봅니다.
지금 무슨 마음속에 빠져있는지
자기 '마음보기' 한번 해봅니다.
'마음보기'를 할 줄 알면
다음은 지금 자기 '마음달기'를 해봅니다.

얼마나 나갈까요?
'마음달기'를 할 줄 알면
금방 자기 마음 상태(현상)가
무거운지 가벼운지....
밝은지 어두운지......
맑은지 탁한지......
좋은지 나쁜지를 알 수 있습니다.

자기 마음 상태(현상)가
좋은지 나쁜지를 알 수 있다면
먼저 '마음놓기'를 하여봅니다.
안 좋은 '마음놓기'는
자기 마음을 좋은 생각하여 바꾸면 그만입니다.

그리고 그 빈자리에 계속 좋은 마음을 생각하여

그 좋은 마음 에너지로 가득 채우는
'마음채우기'를 하면 됩니다.

마음이 좋은 마음의 에너지로 가득하면
이 좋은 마음에너지로 신구의(身口意) 삼업을 지어가면
좋은 일이 만들어 집니다.
'마음보기' '마음달기' '마음놓기' '마음채우기'

일체유심조(一切唯心造) 조심(造心)
심여공화사(心如工畵師) 화사(畵師)

'내 마음이 모든 것을 창조(創造)한다.'
'내 마음이 현실을 창조(創造)하는 창조주'입니다.

다 먹고 이것밖에 안 남았다 하든
다 먹고도 이만큼이나 남았다 하든
자기 마음이 정(定)하는 일입니다.

같은 일 가지고도 죽겠다 살겠다 하는 것도
다 자기가 정하는 일입니다.

이 몸도 운명도 다 자기 마음(지혜능력) 따라
만들기 나름입니다.

내 인생이 이제 6개월밖에 안 남아서
할 일을 못한다. 하든
6개월이나 남았으니 할 일을 충분히 할 수 있다. 하든
다 자기 마음이 정(定)하는 일입니다.

지금 내가 남의 일이 아닌 나의 할 일을 계속하면
나의 창조적 생명에너지는 쉼 없이 올라옵니다.
돈도 사랑도 행복도 이제 충분하다면
무엇을 하고 싶은가요?
무엇을 하고 살고 싶은가요?

궁극은 이렇게 모든 것을
'만드는 마음[조심(造心)]'을 한번 찾아 나서 봅니다.
"?" 하는 궁극적인 일을 시작해 봅니다.

아무리 큰 빚을 졌어도 다른 사람들처럼
때 되면 밥 먹고, 밤이면 잡니다.
마음만 문제입니다.

아무리 큰 병이 들었어도
금방 죽어가는 사람은 없습니다.
다 아직은 살아있는데 죽을까 하는 걱정으로
사는 일을 제대로 못하고 있을 뿐입니다.
마음만 문제입니다.
사는 일을 제대로 하면 살일 뿐입니다.

같은 세상일도 자기 정하기 나름이니.....
각자가 마음대로 생각함이니.....
자기 마음을 먼저 바꾸지 않는 한
지금의 삶에서 탈피(脫皮)할 수 없습니다.

지금의 나는 누구일까요?
"?"

내가 원하는 나는 누구인가요?
"?"
거기에 누가 있나요?............

지금의 삶에서 벗어나 자기가 원하는 삶이 있다면
자기 마음으로 먼저 그대로 만들어 보아야 합니다.

마음 외에는 어떤 것도 존재할 수 없으며,
마음에 의하여 모든 것이 창조된다.는 것을 사유하여
정말 그렇다. 고 확고히 믿어야
모든 일들이 믿는 마음에 의지하여
원하는 것이 현실화 됩니다.

마음이 허공처럼 텅 비워질 때
그 빈자리에 원하는 것을 세울 수가 있습니다.

닭이 먼저냐? 알이 먼저냐?
마음이 먼저냐? 현실이 먼저냐?

인과동시(因果同時)입니다.
인(因)이 과(果)가 되고, 과(果)가 인(因)이 되어
무한 반복성입니다.

그 무한 반복성이 마음에서 일어남이니
그 답은 마음에 있습니다.
그 답이 마음에 있는 줄 안다면
마음에서 그 답(答)을 쓰고 살면 됩니다.

현실이 되고 안되고, 한다 못한다의 답이
내 마음에 있으니
마음에서 된다면 되는 것이고
마음에서 한다면 하는 것입니다.

내 마음에서 원하는 마음..........
발심(發心)을 시작해 봅니다.

마음에 없는 것은 현상에서도 없습니다.
마음은 내 마음이니 누구나 좋은 마음 내려 하면
언제나 낼 수 있습니다.

할 수 있는 것을 안 하면
누구도 도울 수 없습니다.

부처는 부처의 지혜(智慧)로 불국토(佛國土)를 만들 듯,
나는 나의 지혜로 내 세상을 만들며 살아갑니다.

일체유심조(一切唯心造)의 조심(造心)은
부처와 나는 차별이 없어도
쓰는 나의 지혜는 부처와 차이가 엄청납니다.

자기 마음이 없는 사람이 있나요?
단 한 사람도 없습니다.
다 자기 마음 자기 마음대로 쓰고 삽니다.

남이 나에게 욕을 해서 화가 났느냐?
내가 화내니 남이 나에게 욕을 했느냐?

무엇이 먼저일까요?
따로 따로 일까요?
함께일까요?

함께라면 '화'와 '욕'은 하나입니다.
남이 욕을 해서 화가 났어도
그 화는 내 안에서 내 마음으로 낸 것이 분명합니다.

욕을 먹고 화가 났다면
남이 욕할 때마다 화를 내어야 하는 나는
화내는 기계입니다.

어떻게 화를 안 낼 수 있느냐 하여도
똑같은 사람이 똑같은 욕을 해도
내가 똑같이 화가 나는 것도 아닙니다.

내가 바쁜 일이 있으면 듣는둥 마는둥 할 수도 있고,
갑자기 복권이라도 맞아서 대박이 났다면
욕하는 그 친구에게
밥이라도 사줄 생각을 낼지도 모릅니다.

아무튼 모든 일은 내 마음 내가 내고, 쓰고 삽니다.

똑같은 현실이라도 그때그때 내 마음 따라
변화[창조]합니다.
그렇다면 현실은 시시각각 내 마음 따라 창조[변화;
제행무상(諸行無常)]되는 현상이 분명합니다.

즉 내 마음이 현실을 만드니,
내 마음이 현실을 창조(創造)함입니다.
내 마음이 내 마음을 그렇게 창조합니다.
누구나 다 자기 마음,
즉 창조하는 본래적인 마음을 흔적없이
다 지니고 있습니다.

된다는 마음도 안 된다는 마음도,
한다는 마음도 못 한다는 마음도
나는 된다 안된다. 나는 한다 못한다.
다 자기가 자기에게 그렇게 창조함입니다.

즉 창조(創造)하는 지혜가
얼마나 자기 뜻대로 되느냐, 안 되느냐? 의
실력(實力) 차이만 있을 뿐 잘되든 못되든 무엇이든지
창조(創造)할 수 있는 능력은 다 지니고 있습니다.

즐거움도 괴로움도, 기쁨도 분노도, 사랑도 증오도
다 자기 마음으로 자기 안에서부터 창조(創造)합니다.

나는 나의 마음, 나의 인생을
좋게도 나쁘게도 창조합니다.
남이 아니라 내가 내 인생의 창조주입니다.

부처가 될 지혜 - 실력까지는 없어도
내 인생을 잘 살 실력(마음)은 누구에게나 있습니다.
잘 살려는 그 마음은 누구에게나 있기 때문입니다.

누구에게나 있는 일체유심조(一切唯心造)의
조심(造心) - 창조능력입니다.
이 능력을 쓰려면 먼저 내가
이 창조능력을 쓸 마음을 일으켜야 합니다.
마치 여행을 가려면
여행 갈 생각을 먼저 내야 하는 것처럼
먼저 마음을 내어야 합니다.

내가 무엇을 원하는 뜻을 먼저 내야
창조행위를 할 수 있습니다.

창의(創意; 새로 뜻을 지어냄)적인 마음을 내야 합니다.
즉 발원(發願)-발심(發心)입니다.

발원(發願)을 해야 그 원(願)을 만드는
창작(創作) 행위(行爲)를 시작할 수 있습니다.
창작(創作)을 하여야
현실에 그대로 창조(創造)가 됨입니다.

발심(發心)이 창조성(創造性)입니다.

이왕이면 좋은 사람과 함께 살아야 합니다.
나는 이제 내가 좋은 사람을 만들 특권
[능력과 실력; 권력]이 있음을 아는 불자(佛子)입니다.

내가 좋은 사람을 창조할 수 있는 마음[조심(造心)]을
가지고 있음을 압니다.

그동안 미운사람, 싫은사람, 힘든사람 만을 만들어
그렇게 살았다면, 그렇게 만든 재주나
이쁜사람, 좋은사람, 편한사람을 만드는 재주나
한 재주[조심(造心)-지혜(智慧)]이니
이번에는 그 사람들을 다 나에게
이쁜사람, 좋은사람, 편한사람으로 내 마음에서
만들어 인생을 이쁘게 좋게 편안하게 살아봅니다.
내 마음에서 그 사람을 살짝만 바꿔 봐도
곧바로 그 사람이 그렇게 바뀌기 시작합니다.
마음이 고심(苦心; 괴로움)에서
안심(安心; 편안함)으로 바뀝니다.

내가 나를 구원(救援)합니다.
내가 나의 관세음보살님이고 내가 나의 구원자입니다.

혹시라도 내 마음이 바뀐다고 그 사람이 달라질까요?
묻기 전에 해 보면 됩니다.
내 마음이 바뀌는데..... 내 마음이 바꿨는데.....
안 바뀔 리가 없습니다.

한번 살짝 해보고 안 된다 말고
한 호흡에 30번만 이쁘다.고 열 호흡만 해보세요.

내가 이쁜 마음을 내는 순간 달라집니다.
내가 달라졌는데
그 사람이 안 달라졌을 리가 없습니다.
'나는 너의 창조주'이기 때문입니다.

아무리 미운 사람이라 해도
그 사람이 나에게 본래 미운 짓을 한 것은
내가 미워하고 산 것보다는 적었습니다.

미운 짓은 잠깐이었고 이미 지나간 일입니다.

그런데 나는 계속해서 이미 지나간 일을
오늘처럼 내가 그렇게 오랫동안 생각하고
살았을 뿐입니다.

'더하기 빼기'를 하여보면
그 사람이 잠깐 미운 짓 했던 지난 일을
지금까지 오랫동안 그렇게 미워해 온……
이제는 내 잘못만 남았습니다.

과거 어쩌다 그런 기억을 오늘도 나는
그가 또 나를 해친다고 내가 그렇게 보고
미워한 것 밖에는 없습니다.

아마도 그 사람은
그때 일을 미안해하고 있을지도 모릅니다.
아니라 하여도 이미 지나간 일입니다.

누구도 나를 날마다 쫓아다니며
해치는 사람은 없습니다.
무슨 일이든지 내 마음에 남아있는
안 좋은 일을 '더하기 빼기'를 하여봅니다.

그 사람이 그때 나에게 준 피해가 100만원이라면
내가 지금까지 그 사람을 미워하며
그 사람을 지금까지 나쁘다고 미워하고
이 사람 저 사람에게
그 사람 흉을 보고 이간질한 것 등.....
즉 내가 그 사람을 해친 피해는 얼마나 될까요?
만약, 내가 준 피해액이 1000만원이라면
1000만원-100만원=900만원만큼은
순순히 내가 남을 해친 죄업이니
이 과보를 내가 지니고 살아가야 합니다.
100만원 잘못했다고
1000만원을 강제징수 하겠다는 사람이 있다면
이 사람을 어떻게 생각하시나요?
그 사람 잘못은 그 사람 인생에서
내 잘못은 내인생[병고운고; 내가족내사업]에서
손해(損害)봅니다.

이렇게 만들고 안 만들고는
다 자기 마음에서 정(定)합니다.
이렇게 정(定)하면 이런 마음이 생겨나
이런 사람을 만듭니다.
저렇게 정(定)하면 저런 마음이 생겨나
저런 사람을 만듭니다.
본래 이런저런 마음이 없습니다.
내가 이렇다 저렇다 하는 순간.....
그런 마음이 정(定)해지는 순간.....
이런저런 현실이 정(定)해집니다.

먼저 이와 같이
무엇을 만들겠다는 마음을 내야 합니다.
내가 다 내 마음으로 너를 만드는 줄 알았는데
미운 사람, 싫은 사람, 힘든 사람을 만들어 가며
내가 그렇게 만든 사람을 생각하며
그렇게 괴롭게 살 필요가 있을까요?

그런데 알아도 막상 그렇게 만들기가
쉽지 않다고 합니다.
내 마음인데도 그렇게 마음먹기가 어렵다고 합니다.

그런 마음 내는 것도 내 마음입니다.

그렇게 부정성(否定性)을 내는 것도 내 마음입니다.
그래서 먼저 발원(發願)·발심(發心)이 필요합니다.

발원(發願)은 불자들의 신비스러운 행위입니다.
왜냐하면 발원(發願)은 내 마음을
내가 원하는 대로 내게 해주는 묘법(妙法)이기
때문입니다.

염불한번·발원한번 해봅니다.
우리 불자(佛子)들은
발원으로 모든 일에서 벗어나고
모든 일을 성취해 나갑니다.

하루에 몇 번이나 발원을 해보고 사시나요?
부정적인 마음이 일 때마다

'염불한번·발원한번' 하면 그 발원은 묘약(妙藥)이 되어
나의 안된다는 부정성(否定性)을
된다는 긍정성(肯定性)으로 바꿔줍니다.
이 발원의 치유묘약(妙藥)을
항상 지니고 다니시는 분들이
우리 불자님들입니다.
발원(發願)은 희망(希望)입니다.
희망(希望) 없이 사는 이가 불행(不幸)합니다.

일단 미운 사람을 이쁜 사람으로 보겠다는
발원(發願)부터 합니다.
나에게 '이쁜사람 나타나라.' 는 희망(希望)입니다.
내가 만들어 가는 인생, 내가 만든 인생
이익도 있고 즐거움도 기쁨도 사랑도 있어야 합니다.

지금 결산을 한번 해봅니다.

손해가 났다면 잠시 한번 생각해 봅니다.
누가 손해를 보게 했을까요?
지금 무엇이 중요하고 무엇이 할 일인가?
내가 지금 살아야 할 일이 무엇인가?
그 살아야 할 일을 마음에서 찾아봅니다.

내가 너를 좋아할 때
네가 나를 좋아할 날이 있습니다.
내가 나를 좋아할 때
내가 나를 좋아할 날이 있습니다.

내가 나를 버리면 탈이 납니다.

거울보고 이쁘라고 얼굴을 화장합니다.
옷에 먼지만 있어도 금방 털어냅니다.
그런데 마음에 묻은
더러워진 마음을 닦아내려 하지 않습니다.

목욕은 매일 하면서도
마음의 더러움은 씻어내려 하지 않고
오히려 더욱 더럽히기가 쉽습니다.

마음공부를 모르기 때문에
마음을 보지 못하기 때문입니다.

나를 좋아하라. 나를 사랑하라. 는 말은
좋은 옷으로 나를 치장하듯이
좋은 장식품으로 나를 돋보이게 하듯이
내 마음을 좋게 하고 사랑스럽게 하라는 말입니다.

남을 미워할 때보다 좋아할 때
내가 남을 좋아할 수 있습니다.
내 마음이 곱게 치장이 됩니다.

내가 아파하는 마음보다 건강한 마음을 쓸 때
내가 건강할 수 있습니다.

내 몸에 생명의 기운이 살아납니다.

있는 버릇, 나쁜 버릇 고치려 말고
없는 버릇, 좋은 새 버릇을 들이는 일이 더 빠릅니다.

남을 고쳐서 살려 말고
안 살 것도 아닌 인생 나를 먼저 고쳐서 살아봅니다.
먼저 주고[물질]
먼저 받아줘 봅니다.[감정]
이렇게 아직은 살아있는 삶이 고맙고 감사합니다.
고맙고 감사(感謝)할 일을 많이 찾아봅니다.
인생문제의 해답이 거기에 있습니다.

다 내가 먼저 좋아서 시작한 일입니다.
시작이 끝입니다.
끝은 시작한 곳과 같습니다.
누구나 잘 살려고 시작했습니다.
지금은 아직 아니라도
잘사는 것이 그 끝입니다.
아직 좋은 끝을 못 보았다면
지금부터 좋은 연을 열심히 지어 봅니다.

시작한 곳에 그 끝이 반드시 있습니다.
눈앞의 현실이 안 좋다고
안 좋은 현실에 속아 안 좋은 업을 자꾸 짓지 말고
이럴 때 좋은 업을 바쁘게 지어봅니다.

미래는 아직 존재하는 것이 아무것도 없는
미개척지와 같습니다.

현재의 내가 얼마든지 결정할 수 있음이니
얼마든지 나의 미래는 나의 원대로 이룰 수 있습니다.
지금 어떤 마음을......무슨 마음을.....내느냐가
나의 내일을 결정합니다.
일단 안 되는 일을 되는 일로 만들겠다는
발원(發願)부터 합니다.
시작이 있어야 목적지가 보이는
희망의 길, 광명의 길입니다.
시작이 없으면 목적도 없는 암흑의 길입니다.

천리길도 한걸음부터 입니다.

누구나 사는 인생 잘 살고 봐야 됩니다.
그게 인생의 정답입니다.
최상의 잘 사는 삶은 부처의 삶입니다.
부처님의 가르침을 따라 행하는 이들은 행복합니다.
앞이 까마득히 안 보인다 하여도 발원하는 순간
희망이 보입니다.

시작이 반입니다.
발원하는 순간 이미 반이나 왔습니다.
발원하는 순간 그렇게 발원한 사람의 마음에는 미래가
이제 실제로 되었습니다.

과거가 현재가 되고 현재가 미래가 됨이니
현재 일이 눈에 안 보여도
발원한 순간 이미 미래는 반이나 성취됨입니다.

"구슬이 서 말이라도 꿰어야 보배다." 는 말처럼
머릿속 아무리 좋은 원도 발원으로 몸에 새겨놓아야
그 발원이 보배가 됩니다.
머릿속 생각만으로는 그저 생각일 따름입니다.
머릿속 생각을 현실로 불러냄이 발원입니다.
발원이 몸에 새겨지게 되면......
발원을 놓치지 않고, 잊어버리지 않고 살아간다면
운명의 운이 행운(幸運; 좋은 운수)으로 바뀌게 됩니다.
발원이 운을 좋은 운수로 바뀌게 합니다.
발원도 없이 그냥 그대로 산다면 어쩔 수 없이
그렇게 살다 행운이 오기만을 기다려야 합니다.
행운은 저절로 오는 게 아니라 내가 만드는 것입니다.
병고(病苦) 운고(運苦)로 운수(運數)가 안 좋다면
발원은 내 마음의 일이니... 공짜이니.......
밑져야 본전(本錢)이라는 말처럼
발원(發願) 한다고 손해(損害) 볼 일 없으니
'염불한번·발원한번' 오고가며 해볼 만도 합니다.
또 노는 입에 공염불이라는 말처럼 괴로워만 말고
다른 방법도 없다면 할 일 없이 있느니
뭐라도 해보는 것이 좋으니 '염불한번·발원한번'
해본다고 더 잃을 것은 없습니다.
발원(發願)은 나를 원(願)하는 곳으로
몸이 알아서 가게 합니다.

누구나 이렇게 하기 싫다, 좋다는 감정을 넘어서
내가 그런 사람과 살기 싫은 것도 사실[진짜]이고,
좋은 사람과 살고 싶은 것도 사실[진짜]이니

무조건 먼저 내가 원하는
'당신은 이쁜 사람, 좋은 사람, 편한 사람'이라고
발원(發願)부터 시작하여 봅니다.
그 사람이 그렇게 변하고 안 변하고는
다음 문제입니다.
내 마음을 먼저 바꿔야,
바뀌는 것이 순리(順理)이고 원리(原理)입니다.
그 사람이 아무리 바뀌어도 내 마음이 그대로라면
바뀌는 것은 아무것도 없습니다.
그 사람이 나에게 이쁜 사람으로 변할 때까지
나는 그 사람을 계속 미워하면서 살겠다면
아마 평생(平生)가도 안 바뀔지도 모릅니다.

또는 그 사람이 변하여도
내 마음이 이미 굳어져
그렇게만 보기를 고집할지도 모릅니다.
그런데 이상하게도
발원(發願)을 반복(反復)하기 시작(始作)하면.......
신기(神氣)하게도 괴로운 마음이 좀 편해지고
무거운 마음이 좀 가벼워집니다.
"아! 그렇습니다.
 마음에도 무게가 있고 밝기가 있습니다."
"마음에도 질(質)과 양(量)이 있습니다."
내 마음의 질(質)과 양(量)은 나만이 알 수 있습니다.
어쨌든 내 마음이니
내가 내 마음 성격을 그렇게 만들었고
내가 지닌 내 욕심의 무게 질량(質量)입니다.

지금까지는 내 인생길을
내가 만들고 지어온 무거운 짐을 지고,
어두운 마음 길을
안 좋은 성질(마음)로 걷고 있었는지도 모릅니다.
내 마음의 짐 무게는
내가 만들어 짊어지고 가는 내 인생길이기에
내가 그 짐을 내려놓을 수도, 더 보탤 수도 있습니다.

인생은 더하기 빼기입니다.
더하기 빼기를 잘하면 인생에 이익 생겨납니다.
좋은 것을 빼고 나쁜 것을 보태기 한다면
천금을 가지고 태어났어도 금방 거덜 나고 맙니다.
좋은 것은 보태고 나쁜 것을 빼고 살아야
이익 보고 사는 인생입니다.

남의 좋은 일을 흠집 내지 말고
남의 안 좋은 일을 앞장서 선전해서는 안 됩니다.
남의 잘못으로 내 잘못을 지어가지 않고
남이 잘한 것을 함께 기뻐하면 남는 장사입니다.

내 마음-성질(性質)의 밝기도
내 마음이기에 내가 밝게 어둡게 합니다.
내 마음은 내 마음대로의 내 마음이기에
대상과 사물과는 상관없이 내가 내 마음부터 먼저
가볍게 밝게 만들 수 있습니다.
성질(性質)은 그 사람의
성격(性格) 인격(人格) 품격(品格)입니다.

10) 내 마음 현실화(現實化)

일체유심조(一切唯心造); 마음이 모든 것을 만든다.

마음이
무법이불조(無法而不造); 못 만들어 내는 것이 없다.
보조제세간(普造諸世間); 모든 세간을 다 만들어 낸다.

심여공화사(心如工畵師);
마음은 그림을 그리는 화가와 같다.

마음이 모든 것을 다 그려내는 화가(畵家),
즉 내 마음이 내 인생 모든 것을 다 창조하는
창조자(創造者)입니다.
창조하는 지혜이고 나의 생명입니다.

그런데 마음은 왜 보이지 않을까요?
보이지 않는 마음이 보이는 현실을 만들어 냅니다.
현실의 바탕은 보이지 않는 마음입니다.

내 마음에서 내가 원하는 현실을
어떻게 현실(現實)로 만들까요?

자작자수(自作自受); 내가 지어서 내가 받는다.
자업자득(自業自得); 내가 만들어 내가 갖는다.

다 내가 내 마음부터 시작할 수 있는 일입니다.
내 마음을 먼저 비워봅니다.

어떻게 짓고 어떻게 만들어야 내가 원하는 것을 얻고
원하는 것을 만들 수 있을까요?

인과법(因果法)이 창조법(創造法)입니다.
콩 심은 데 콩 나서 콩을 거두고,
팥 심은 데 팥 나서 팥을 거둡니다.
콩콩팥팥입니다.

인과법칙입니다.
우주의 법칙이 인과율(因果律)입니다.
내가 심은 대로 거둡니다.

내가 콩을 얻고자 한다면
콩을 심어야 콩을 거둡니다.
얻고자 하는 것을 심어야 거둡니다.

내 마음에 콩이 있어야 콩을 심고 거둘 수 있습니다.
마음에 없는 콩은 심을 수 없습니다.
먼저 내 마음에서 콩을 하나 만들어야 합니다.

어떻게 콩을 하나 만들어야 할까요?
창조는 무(無)에서 유(有)를 만들어 내는 일입니다.
내 마음이 그러합니다.

어떻게 무(無)에서 유(有)를 만들어 낼까요?

무(無)에서 유(有)를 즉시 만들어 낼 곳은
마음뿐입니다.

내 마음에서 나오는 슬픔도 기쁨도
무(無)에서 유(有)가 나오는 일입니다.

마음속을 아무리 찾아보아도
기쁨도 없고, 슬픔도 없어도
만들어 내는 즉시 현실(現實)로 나옵니다.
마음은 창조(創造)의 공간(空間)입니다.
마음 안에서 먼저 원(願)하는 씨앗 하나를
만들어 봅니다.

'과(果)를 인(因)으로 삼는다.'
즉 열매를 씨앗으로 삼는다. 는 말입니다.
원하는 과(果; 결과)를 인(因; 씨앗)으로
연(緣)을 지어 과(果)를 수확합니다.
연(緣)은 씨앗이 자라는 기후조건이나 땅조건 같은
것입니다.

과(果; 열매·결과)를 인(因; 씨앗·발심)으로
삼는다는 말은,
사과를 얻으려면 사과나무 열매의 씨앗을 심어
사과를 얻는다는 말입니다.
누구나 다 익숙하게 아는 지식입니다.

사과나무 씨앗이 사과이고
사과가 사과나무 씨앗입니다.
사과나무는 없어도 씨앗 하나가 있다면
많은 사과를 수확하게 됩니다.
마음에서 내가 원하는 마음 씨앗 하나 심어봅니다.

부자열매, 건강열매를 수확하려면
먼저 그 부자, 건강 씨앗을 하나
마음 가운데 심어야 합니다.

심는 대로 거두게 됩니다.
이것이 인과법(因果法)이고 창조법(創造法)입니다.
인과법(因果法)이 인연과보(因緣果報) 창조법입니다.

초발심시변정각(初發心時便正覺)
"처음 발심할 때 그대로가 정각이다."

발심(發心)은 발보리심(發菩提心)이고
발아뇩다라삼먁삼보리심(發阿耨多羅三藐三菩提心)을
말합니다.

발보리심(發菩提心)은
부처지혜를 얻으려는 마음을 내는 것입니다.
아뇩다라삼먁삼보리는 무상정등정각(無上正等正覺)으로
부처님의 위없이 바른 깨달음입니다.

누구나 내 안에 불성(佛性; 부처지혜)이 있음이니
부처마음을 꺼내면 그대로 부처입니다.
보리심(菩提心)을 내는 것이 곧바로 보리(菩提)
즉 깨달음을 얻고 쓰는 것입니다.

이처럼 발보리심을 내면 부처의 지혜와 공덕을
곧바로 드러내어 쓰게 되니
곧바로 부처가 현존케 됩니다.

일체법(一切法)이 불법(佛法)이고
일체법(一切法)의 진실성이 불성(佛性)입니다.
누구도 이 불성(佛性)에 의지하지 않는 이는 없습니다.

초발심시변정각(初發心時便正覺)은
처음 발심한 그때가
바로 정각을 이룬 때라는 뜻입니다.
누구나 마음은 다 부처마음과 다르지 않으나
부처마음을 알기도, 내기도 매우 어렵습니다.

그러나 부처마음[보리심(菩提心)]은
쉽게 내기가 힘들어도
자기가 원하는 발건강심, 발행복심은
자기가 원하는 꼭 필요한 것이기에 낼 수가 있습니다.

발보리심은 발보시심으로 지켜나갑니다.
발건강심, 발행복심도 발보시심으로 지켜나갑니다.

발보시심은 일체중생들의 이익을 위하는 마음입니다.
그리고 그 복덕에도 탐착하지 않는 마음입니다.

발건강심, 발행복심을 내는 이들도 당연히
일체중생들을 위하는 마음을 내어야 합니다.
발보시심은 발보리심을 지켜내고
발보리심을 저해하는 어떤 마음도 다 항복받는
미묘한 마음이기 때문입니다.
발원성취의 묘심(妙心)이 발보시심입니다.

11) 사종염불(四種念佛)

인-연-과-보(因-緣-果-報)

원(願)하는 과(果)를 어떻게 인(因)으로 만들까요?
콩콩팥팥입니다.

사종염불(四種念佛)-법(法)이
창조법(創造法)의 자세한 과정입니다.

염불로 부처가 되는 법입니다.
염불로 즉시 부처 이루기는 어려워도
운고병고(運苦病苦)를 벗어나
건강 행복하기는
부처되는 일보다는 크게 어렵지 않습니다.

먼저 사종염불-법(四種念佛-法)을 잘 알아야 합니다.
물론 사종염불(四種念佛)을 모르는 이는 드뭅니다.

염불(念佛)하시는 불자님들은
대부분 잘 알고 있는 용어입니다.

여기 간략하게 정리해봅니다.

사종염불(四種念佛)은
네 가지 염불하는 행법을 말합니다.
누가 뭐래도 염불(念佛)로 성불하는 법입니다.

① 칭명염불(稱名念佛);
   입으로 부처님의 명호를 부르는 염불.

② 관상염불(觀像念佛);
   부처님의 원만한 형상을 관(觀)하는 염불.

③ 관상염불(觀想念佛);
   부처님 마음(무량공덕)을 관하는 염불.

④ 실상염불(實相念佛);
   진실한 자성인 법신을 관조(觀照)하는 염불(念佛).
   을 말합니다.

즉 궁극(窮極)은
부처가 되는 염불(念佛)-성불법(成佛法)입니다.

사종 념(四種 念)-불(佛)
이 사종염불법(四種念佛法)은 부처를 이루는
정법(正法)이기에 염불하시는 불자님들은
이 사종염불법(四種念佛法)으로
부처까지는 이루지 못한다 하여도
바라는 발원(發願)은 이룰 수 있음이 틀림없습니다.

(1) 칭명염불(稱名念佛)

칭명염원(稱名念願)합니다.
부처를 염(念)하듯 자기가 원하는 건강과 행복을
칭명-발원[염(念)]합니다.

자기 발원을 사자성어(四字成語)로 정리하여
마음에 새겨질 때까지
하시던 '염불(念佛)한번' 원하는 현실 '발원(發願)한번'
부르기를 반복하여 근심 걱정 괴로움보다
앞서 나오도록 마음에 항상
'염불한번·발원한번' 념념상속(念念相續)합니다.
이것이 첫 번째 해야 될 일입니다.
누구나 잘 되기를 바랍니다.
그런데 실제로는 잘 되기를 바라는 생각뿐
실제 신구의로 짓는 반복되는 업처럼
발원을 염불처럼 반복해 본 적이 없을 수도 있습니다.

시험문제의 답을 아는데 굳이 틀린 답을 쓰지 않듯
답을 알면 저절로 정답을 쓰게 됩니다.

화가 날 때 '화 안 낸다'는 발원이
기억난다면 화를 낼 일이 없습니다.
'웃는다'는 발원이 기억난다면
화나는 일에도 웃는 마음, 좋은 마음이 앞서게 됩니다.

아침에 눈 뜨고 가만히 일어나 앉으면
잠깐이나마 아무 생각이 없습니다.
그런데 좀만 지나면 '아 내가 아프지'라는 념(念)이
저절로 들려 그때부터는 아픈 사람이 나타납니다.

'아 내가 일이 안되어 괴롭지'라는 념(念)이 저절로
들려 그때부터는 일이 안되어 괴로운 사람이 됩니다.

그 마음이 드는 순간부터
아픈사람, 괴로운사람이 일어나 또 하루를
아픈사람, 괴로운사람으로 살아가게 됩니다.

이유야 어쨌든 내가 아픈 사람을 만들고
내가 괴로운 사람을 만듦이니
어쩔 수 없이 그렇게 만든 사람이 나이니
그대로 살아갈 수밖에 없게 됩니다.
스스로 아픈 사람, 괴로운 사람이라 먼저 해놓고
내가 안 아프고, 편안하려고 합니다.
아픈 사람이 안 아플 수 없고
괴로운 사람이 안 괴로울 수 없습니다.

설령 아프고 괴롭더라도
'나는 오늘 건강하다'
'나는 오늘 행복하다'는 칭명발원(2분 300번)으로
하루를 시작하고
아픔과 괴로움이 밀려올 때마다 발원이 앞서다 보면
마음도 하나, 몸도 하나이기에
아픈마음, 괴로운 마음이 일어날 기회가 없습니다.

그때부터 먼저 마음이 편안해지기 시작합니다.
일단 마음이 편안해지면 원하는 일을 이룰 만큼
집중이 잘되어 발원력이 강해지기 시작합니다.

칭명염불 하듯이 부처님의 위신력 속에서
'염불한번·발원한번' 해보시기 바랍니다.

발원을 하루에 몇 번이나 해보았습니까? 물으면
답(答)을 하지 못할 수도 있습니다.

염불[기도]을 왜 하나요?
업장소멸, 소원성취하기 위함입니다.
이고득락(離苦得樂)을 위해서입니다.

그런데 염불은 하는데
발원이 몸에서 나오지 않습니다.
염불한번·발원한번 한다면 발원의 목적지를 향하여
기도의 원력(願力)으로
힘차게 소망성취의 몸으로 쉼 없이 나아가게 됩니다.

발원(發願)도
발원(發願)하는 업(業)을 지어야 새겨집니다.
발원(發願)이 습관(習慣)이 되어야
발원(發願)하는 몸이 1순위로 먼저 나타납니다.

'나는 건강하다' '나는 행복하다'가 습관(習慣)이 되면
몸이 아무리 아프고 마음이 아무리 괴로워도
건강한 신구의(身口意) 업(業)이
행복한 신구의(身口意) 업(業)이
습관적으로 나타납니다.

신구의로 실제적으로 짓는 업이 내가 원하는
그러한 현상을 만들어 냅니다.
모든 현상은 내가 짓는 업따라 일어남사라짐 합니다.

마음은 그렇게 되기를 바라면서 몸이 그렇게 못산다면
현상은 변함없이 그대로일 뿐입니다.

병속의 씨앗도 꺼내 심어야 싹이 나기 시작합니다.

즉 몸 안에 건강한 생명에너지 씨앗
행복한 에너지 씨앗도 현실로 꺼내 써야 건강해지고
행복해집니다.
어쩌다 생각해야 생각나는 발원이 아니라
늘 생각나는 발원(發願)이 되어야 필요할 때마다
쓰고 삽니다.

늘 마음에 간절히 생각하고 기원하는 마음의 말이
발원(發願)입니다.

잘 살기를 바라면서 못 사는 업을 짓지 않습니다.

모든 것은 반복연습이 습관이 되고 버릇이 됩니다.
그동안의 나도 모르게 들이고 썼던 버릇,
습관(習慣)들이 오늘의 일들을 가져온 인연입니다.

이 새로 들인 염불습관이 그동안 어떻게 병들고
어떻게 괴로운 지경에 처했는지도 모를
그동안의 신구의(身口意) 삼업(三業)을 정화시키고
수정변화시켜 새로운 몸과 마음을 창조해 내게 됩니다.
안 좋은 마음이 드는 순간 염불이 앞서 나오도록
습관이 되도록 염불수행을 해봅니다.

말이 씨가 된다는 말처럼
말을 하면 생각이 되고 행동이 됩니다.

행동은 습관이 되고 그 습관은 사용
우선순위(優先順位)가 됩니다.

발원의 말은
자기가 자기에게 하는 미래 예언과도 같아
자기실현 일순위가 됩니다.

마음의 말[발원(發願)]은
마음을 쓰는(창조하는) 첫 번째 일입니다.

발원(發願)은 마침내 현실(現實)로 창조(創造)됩니다.

아미타불을 염하면 아미타 염불이고,
약사여래불을 염하면 약사여래 염불이고,
석가모니불을 염하면 석가모니 염불입니다.
관세음보살 염불, 지장보살 염불, 문수보살 염불,
보현보살 염불 등 다양한 불보살님이 계십니다.
염불은 믿음만 있다면 누구나 쉽게 할 수 있고
염불하는 순간 불·보살님의 위신력이 작용하기 때문에
불보살님의 원력으로 발원에 힘이 붙게 됩니다.
이러한 염불을 통하여 해당 불·보살님의 지혜와
원력의 위신력으로 이고득락(離苦得樂)합니다.

먼저 '염불한번·발원한번' 3000번을
한 세트로 하여 봅니다.

(2) 관상염불(觀像念佛)

관상원상(觀像願相)합니다.
자기가 원하는 모습의 건강하고 행복한 모습을
상상(想像)합니다.
자기 발원이 성취된 모습을 염불(念佛)과 함께 상상하며
마음속에 그림을 그려봅니다.
칭명발원을 하면 나는,
나의 발원체가 나의 몸에 생겨납니다.
발원을 이루는 몸이 생겨납니다.
발원의 몸(그릇)이 생겨야
발원의 결과물을 담을 수 있습니다.

발원을 담는 그릇은 지금의 마음 모습이 아닌
건강하고 행복한 발원이 성취되었을 때의
자기 마음 모습(상)을 관상(觀像)하며 염불하여 봅니다.

지금 몸 안에는
지금 현상에 맞는 눈에 보이지 않는 마음의 몸이
있습니다.
이 눈에 보이지 않는 현재의 마음의 몸을
내가 원하는 마음의 몸으로 바꾸기입니다.
마음이 몸을 바꾸면 눈에 보이는 몸도 바뀝니다.

지금의 문제를 지닌 세월속의 내 모습이 아니라도
더 젊고 건강했을 때의 몸을 떠올리며
상상의 그 몸으로 염불(念佛)을 해봅니다.

(3) 관상염불(觀想念佛)

관상원심(觀想願心)합니다.
자기가 원하는 건강하고 행복한 발원이
성취되었을 때의 건강하고 행복한 마음을
실제처럼 실감나게 우러내며
그 생명 넘치는 기운으로 실제로 살 듯이
사는 모습을 상상하며 염불(念佛)과 함께
그렇게 관상(觀想)하며 염불하여 봅니다.

발원하는 새로운 몸에
생명을 새롭게 부여하는 일입니다.

화를 내면 화난 사람이 나오듯
화나는 운명을 웃는 운명으로 변화시키려면
웃는 마음의 생명이 있어야 합니다.
웃는 생명이 있어야 웃게 되고
웃게 되어야 웃는 사람이 나와서
웃는 일[업(業)]을 하니 웃을 일이 생겨납니다.

나의 몸에 발원성취 했을 때처럼
미리서 마음에 원하는 창조생명에너지를 불어넣어
발원성취자의 생명(生明)을 탄생시킵니다.

웃는 사람이 웃는 행동을 하여 웃는 일을 만들 듯
발원성취자의 창조생명이 발원성취의 업을 지어
발원의 결정적 결과물을 얻게 합니다.

(4) 실상염불(實相念佛)

실상행동(實相行動)합니다.
자기가 원하는 건강과 행복이
현실로 이루어진 후의 삶을 실제적으로 살아가며……
그 발원성취자의 모습과 마음으로
신구의 삼업을 지으며 염불(念佛)과 함께 살아봅니다.

과(果)를 인(因)으로 삼아 과(果)를 성취하는
일입니다.
과(果)와 인(因)이 다르지 않습니다.
인(因)은 과(果)의 씨앗입니다.
인(因)이 있으면 연(緣)이 있어야 과(果)를 맺고
과(果)가 있어야 보(報)를 누립니다.

건강과 행복의 씨앗을 심었으면 건강하고 행복한
연(緣)을 지어가야 건강하고 행복한 과(果)가
생겨납니다.

이 과(果)가 생겨야 건강과 행복한 복락을 누리기에
아직은 건강과 행복의 꽃이 피고
열매가 맺지 않았더라도 실제처럼 건강하고 행복하게
살아가는 연(緣)을 지어가야 건강과 행복의 열매가
열리게 됩니다.
건강과 행복으로 내 인생의 복락을 누리게 됩니다.
건강과 행복의 씨앗은 건강과 행복의 업으로
자라납니다.

더욱 힘차게 건강하고 행복한 업을 짓는다면
건강과 행복의 나무는 무럭무럭 자라납니다.

건강나무는 건강하게 사는 업을 먹고 자라납니다.
행복나무는 행복하게 사는 업을 먹고 자라납니다.

병고와 운고의 불행을 거름으로 삼아
건강과 행복의 나무를 가꾸어 나갑니다.

병고는 병고의 찌든 마음을 먹고 자랍니다.
운고는 고통의 찌든 마음을 먹고 자랍니다.

마음이 몸도 만들고 몸이 마음도 만듭니다.
몸과 마음이 하나일 때 지름길로 나아갑니다.
몸도 건강한 것처럼 건강하게 살아가고
마음도 이미 건강한 것처럼 발심하여 살아간다면
몸과 마음에 건강한 생명에너지가 넘쳐나게 됩니다.

실제로 원하는 일을 다 이루어 준다면
이제 어떤 삶을 살까요?
....

실제로 원하는 일이 다 이루어졌을 때
이제 어떤 삶을 살까요?
....

이 답(쏨)이 무엇일까요?

이 결과(結果)적인 답(쏨)이 인(因)이 되어 살아야
위에서 했던 염불발원(念佛發願)이 빛을 보아
발원성취의 과(果)가 현실에서 그 열매를 맺어갑니다.

과(果)가 인(因)과 같고,
인(因)이 과(果)이기 때문입니다.
씨앗 속에 이미 열매가 맺혀 있습니다.

사과나무 씨앗이 사과열매를 만듭니다.
사과나무 씨앗이 없다면 사과도 없습니다.

원하는 생명나무를 잘 키우는 방법이
제악막작(諸惡莫作) 중선봉행(衆善奉行)입니다.

제악막작(諸惡莫作)으로
지난 세 업보를 한순간에 몽땅 참회합니다.
지금 지을 나쁜 업을 짓지 아니함이
미래 운고병고의 불행을 미리서 지금 참회함과 동시에
과거의 죄업장을 함께 참회하는 일입니다.
중선봉행(衆善奉行)으로 아직은 일어나지 않는
복락의 씨앗을 심고 그동안 지어온 복락의 열매가
무루 익어가게 함.입니다.

원하는 열매가 현실에서 맺을 때까지
원하는 열매를 수확한 뒤라도
중선봉행(衆善奉行)하여 몸과 마음에 청정
(淸淨; 밝고맑음)한 에너지가 감돌게 합니다.

12) 감사합니다

소원성취의 최종의 답(答)은 무엇일까요?
누군가가 나의 어렵고 힘든 병을 완치시켜주고
나의 망한 인생을 다시 돌려준다면
그에게 무엇을 할까요?

어떻게 살게 될까요?
첫 번째 일이 '감사합니다.'입니다.
그 어려운 일이,
그 바라던 일이 이루어졌다면
누구라도 모든 일에 감사하겠지요.

감사(感謝)하고 고마운 마음이
소원성취의 결과적인 마음의 열매입니다.
이 감사(感謝)한 마음이 무엇을 바라든
소원성취(所願成就)의 씨앗을 키우는
현실적(現實的)인 영양분이 됩니다.

이 감사(感謝)한 마음이
무슨 일이든 무엇을 바라든
소원성취의 씨앗을 현실에서 키워내는 마음입니다.

무엇이든지 누구를 만나든 감사 못할 일은 없습니다.
누구를 보아도 이유가 없어도 고맙고, 감사합니다.

그 누군가가 눈에 보이지 않는 내 발원성취의 영양분을
나에게 주는 사람이기 때문입니다.

왜냐하면 그들이 내게 옳든 그르든
나의 소원성취의 복 밭이기 때문입니다.

남에게 지은 바 돌려받음이
바로 현재 나의 운명입니다.
내 눈앞의 내 마음속 그 사람이
이제는 좋든 싫든 나의 복을 짓는 대상입니다.

누구에게든지 감사하면
나에게는 감사할 일이 생겨납니다.

남에게 감사(感謝)를 심어야 나에게 감사(感謝)할
일이 생겨납니다.
간단한 인과법입니다.

내게 감사할 일을 생기게 하는
모든 이들에게 감사한 마음을 담아 '감사합니다'
해봅니다.

꼭 말이 아니라도 누구를 볼 때마다 의업(意業)으로
'감사합니다' 남몰래 해봅니다.

'내 발원 성취되라'는 주문처럼
'감사합니다' 해봅니다.

우선 가까운 나의 가족 친구 친척들에게
그들의 웃는 얼굴을 떠올리며 '감사합니다' 해봅니다.

꼭 얼굴 보고 말을 안 해도.... 의업으로 지어도...
의업(意業)도 구업(口業)처럼 효과는 같습니다.

그들이 나의 복씨(복인; 福因)를 뿌리는 복밭이고
나의 복(福)을 키우고 거두게 하는
내게 필요한 나의 복(福)에너지를
나에게 가져다주는 사람들이기 때문입니다.

발원은 성취의 믿음으로 합니다.
발원하는 순간 이미 내 마음 안에서는
발원이 성취된 모습이 있습니다.

이제 몸밖 현실에서 거두는 일만 남았습니다.
이제 현실에서 받는 일만 남았습니다.

마음에서 낸 발원은
현실에서 받을 때도 마음으로 받아야 합니다.
몸이 짓는 행동보다 그 행동을 하는 마음입니다.

얼굴은 웃어도 마음이 슬프면
슬픈 에너지의 부정성(否定性)이
나에게 도움이 안 됩니다.

그 받는 마음이 무엇일까요?
바로 감사하는 마음입니다.
감사하는 마음을 담은 신구의 삼업으로
내가 내 몸과 내 운명에 필요한 에너지를 받습니다.

발원성취의 최종(最終)결과물이 감사하는 마음입니다.
이 감사하는 마음을 남에게 베풀 때
나는 나의 감사한 선물인
건강과 행복을 현실에서 현실화 시키게 됩니다.

내 복(福)이
누구를 통해서 무엇을 통해서 올지 모릅니다.
모든 이에게 감사하고
모든 일들을 감사히 대하여야 합니다.

나쁜 일에도 감사하면 나의 업이 삭제됩니다.
좋은 일에 감사하면 더 좋은 일이 늘어납니다.
좋지도 싫지도 않은 일에 감사하면
내 마음속 발원이 영양분을 먹고 자라납니다.

감사(感謝)는 내가 복(福)을 받기 전이나 받은 후에
그 복 받음의 느낌을 말이나 몸으로 조금이나마
표현하는 것을 말합니다.

즉 소원성취 됐을 때의 기쁜 마음이 일 듯이,
감사(感謝) 또한
감사하는 고마운 마음이 있어야 합니다.
감사한 마음 느낌이 있어야 합니다.

잘 살펴보면 만나는 모든 이에게서 잠깐이라도
'감사합니다.' '고맙습니다.'할 기회는
얼마든지 발견할 수 있습니다.

만나고 헤어질 때 인사말처럼
'감사해~~.' '고마워~~' 해봅니다.

말만 하는 게 아니라
그 말에 생명(生明; 마음)을 담아 해 봅니다.
'감사해~~.' '고마워~~'는 이미 소원성취 됐음을
부르는 참된 말[진언(眞言)]과 같습니다.

왜냐하면 감사는 소원성취한 뒤의 마음표현으로
감사(感謝)의 감(感)은
그 마음을 느낀다는 뜻을 지니고,
사(謝)는 '사례하다'라는 뜻을 지니고 있습니다.
사례(謝禮)는 언행(言行)이나 물질 등으로
상대에게 고마운 뜻을 나타냄을 의미합니다.

즉 감사(感謝)는 이미 소원성취의 결과를 이룬 뒤의
결과적인 마음을 씨앗으로 삼아
즉 과(果)를 인(因)으로 삼아 열매를 수확하는.....
현실에서 그 결과를 얻는 일입니다.

우리가 '감사합니다' 라고 말을 할 때는
내가 소원하던 바를 이루었을 때 표현하는 말입니다.
그러므로 내가 아직은 소원을 이루지는 못했지만
소원을 이루었을 때에
그 감사한 마음을 내가 미리 쓰고 산다는 것은
과(果)를 인(因)으로 삼아서 내가 원하는 결과를 얻는
지혜입니다.

감사(感謝)의 인(因; 씨앗)을 심어 감사(感謝)의 과(果)....
그 결과를 얻는 일이 감사(感謝)입니다.

이 글을 읽어 주신 여러분께 감사드리며 항상 행운이 깃들기를 기원드립니다.

'감사합니다.'는
매우 고차원적인 인과법칙을 사용함과 같습니다.

부처님께 올리는 모든 불공, 공양 등의 의미도
이와 같다 할 수 있습니다.
부탁할 일이 있어 그 사람에게 가지고 가는
간단한 선물도.......
소원성취한 뒤, 감사할 이에게 할 선물을.....
미리 하는 선물이 됩니다.

과(果)가 나왔을 때 할 일을 미리 인(因)으로 삼아
행하여 과(果)를 얻는 일입니다.

이미 부처님께 발원을 드릴 때는
100% 이루어 주실 것을 믿고 행합니다.
부처님을 못 믿고 발원을 드릴 일은 없기 때문입니다.
이미 믿는다면 이미 틀림없이 성취됨을 믿음입니다.

이미 성취가 틀림이 없다고 믿는 일이라면
부처님께 발원드리는 사람은
이미 성취된 자의 기쁨과 똑같을 것입니다.

당연히 전(前)이나 후(後)에 감사할 일임에는
틀림이 없습니다.

모든 현실창조의 창조방법인 인과법(因果法)은
그 과(果)를 인(因)으로 삼아 현실(現實)에서
과(果)를 만들어(창조하여) 갑니다.
땅은 나에게 씨를 뿌려 달라고 하지 않습니다.
그러나 내가 원하는 수확을 하려면
아무리 거친 땅이라도 씨앗을 뿌려야 하고
가꾸어 나가야 합니다.

씨를 뿌릴 수 있는 땅(인연 있는 이)이 있음에
감사하여야 합니다.

그와 같이 대상이야 어쨌든
나와 인연 있는 모든 이들이
나에게 소원을 이루도록 기회를 주는 사람들입니다.

내가 감사할 사람이 하나도 없다면
나는 업(業) 뿐이어서
나는 어느 곳에도 씨앗을 뿌리지 못합니다.
그러나 반드시 누군가는 있게 마련입니다.

씨앗을 뿌린다 하여도
감사한 마음이 없다면 거두기가 힘듭니다.
씨앗을 뿌려만 놓고
저절로 열매를 얻을 수는 없습니다.
발원은 농사의 시작과도 같습니다.

감사(感謝)한 마음으로 뿌린 씨앗이
그 씨앗도 단단합니다.
감사(感謝)한 마음으로 키우는 나무가
그 열매도 온전하고 확실합니다.
그 수확도 감사(感謝)한 마음으로 합니다.
그러므로 누구든지 세상에서 만나는
모든 인연 있는 이들에게
언제 어디서든지 무엇이든..... 어떻게든
항상 감사한다면 괴로움은 사라지고
건강하고 행복한 날들이 계속될 것입니다.

부처님께 발원하는 기도에..........
항상 부처님께 감사한 마음으로 깨어서 합니다.

내가 행복하려면 네가 있어야 합니다.
너와 나 사이의 행복은 하나뿐입니다.
하나뿐인 행복 입장에서 본다면
나와 네가 하나이어야만 행복할 수 있습니다.

이 행복은 내가 너를 행복하게 할 때
네가 나에게 행복하게 해줌에 미리 감사할 때
찾아옵니다.
그 감사(感謝)가 내가 너를 행복하게 해줌입니다.
내가 너에게 행복을 심어 내가 행복을 거두니
마땅히 나의 행복의 밭이 되고 행복을 거두게 해주는
그에게 감사(感謝)의 선물(膳物)로 미리서 행복하게
해주어야 합니다.

감사는 너와 나, 나의 행복을 하나로 연결시키는
가장 좋은 창조적 생명에너지입니다.
너와 내가 만난 것은 행복하기 위해서입니다.
그래서 내가 행복하기 위해서는 나는 네가 필요합니다.
너는 나에게 행복을 주는 고마운 사람입니다.

세상 어디에도 행복은 있습니다.
그 행복이 내 마음에도 있기에 행복하려고 합니다.
아무리 행복이 천지사방에 가득하고
내 안에도 있다 하여도
이를 꺼내어 쓰지 않으면 허망한 행복입니다.

이를 꺼내는 방법이
바로 눈앞의 그대에게 감사하는 것입니다.
내가 그에게 감사할 준비가 되어 있지 않다면
나의 행복은 사진 속의 행복입니다.

삶에서 힘들고 괴로운 것은 이미 어쩔 수 없다 하여도,
이를 내가 언젠가 지어 놓은 빚을 갚는 기회라고
감사함으로 받아들인다면
그 순간 빚 갚는 행복을 느끼게 됩니다.

타고난 업이 아무리 크다 하여도
타고난 업이 지금의 나를 망(亡)하게 하고
흥(興)하게 하는 것이 아니라
지금 내가 짓는 행위에 따라
내가 망(亡)하기도 흥(興)하기도 합니다.

'감사합니다.' 는 언제 꼭 해야 할까요?
평소에도 마찬가지이지만
나의 발원이 있을 때 반드시 해야 합니다.

발원은 언제 하나요?
괴로운 일이 있거나, 바라는 것이 있을 때 합니다.

누구에게 해야 하나요?
제일 먼저 바로 그 일의 대상자에게 합니다.
더 나아가 모든 이들에게 합니다.

아픔과 괴로움 속에서 감사하기가 쉽지 않다. 해도
감사함이 이 아픔과 괴로움에서 벗어나는
인과지혜임을 믿는다면
이 지혜를 쓰지 못할 일은 없습니다.

누구나에게
모든 일에서 감사한 마음을 앞세워 살아봅니다.

이것이 감사한 마음에너지로
아픔과 괴로움을 물리치고 건강과 행복을
되찾게 됩니다.

모든 일에서 미리 잘못될까 걱정할 일이 없습니다.
그 잘못된 결과가 오기 전까지는
아직은 병을 낫고 잘될 시간이 있기 때문입니다.
아직은 감사할 시간이 충분합니다.
아직은 기뻐할 시간이 충분합니다.

아직은 건강해질 시간이 충분합니다.
아직은 행복해질 시간이 충분합니다.
'감사합니다'에
감사한 마음, 감사한 태도, 감사한 자세가 없는 것은
실속이 없는 감사(感謝)입니다.

감사(感謝)는 감사한 마음과
감사한 그 느낌이 통하여야 합니다.

감사의 마음이 통할 때
감사(感謝)가 발원을 이루어 나가는
창조생명에너지라고 할 수 있습니다.

건강하고 행복하게 사는 것이 다 감사를 통해서
얻어진다는 것입니다.
자기에게 이미 주어진 것들에서 감사하지 못함으로
부정적인 마음이 부정적인 업보를 불러오게 됩니다.

감사(感謝)의 씨앗은 감사(感謝)의 결과를 가져옵니다.
작은 감사가 모여 큰 감사를 이룹니다.

감사하는 사람은 자기의 주인공이 됩니다.
감사할 때 괴로움이 사라지고 편해집니다.
감사하는 사람은 물질에 어려움이 없이
모든 이와 기쁨 속에 살게 됩니다.
감사의 눈으로 보면 모든 것이 감사합니다.

감사에는 조건이 없습니다.

감사가 모든 것을 낳기 때문입니다.
감사(感謝)는 모든 소원을 이루는 지혜입니다.
감사할 줄 아는 사람은 가장 큰 지혜를 지니고
있는 사람입니다.

불평하면 불평할 일만 생겨납니다.
불평의 피해자(被害者)가 됩니다.
감사하면 감사할 일만 생겨납니다.
감사의 수혜자(受惠者)가 됩니다.

지금 겪고 있는 일은
내 마음대로 어떻게 할 수 없다. 하여도
내 마음은 내 마음대로 내 마음껏 할 수가 있습니다.
불평할 것인가? 감사할 것인가?
불평하여 불평할 일을 더 만들 것인가?
감사하여 감사할 일을 더 만들 것인가?
이 둘 중 한 가지 선택은 스스로의 몫입니다.

무엇을 선택하여야 할까요?
무엇을 선택할지는 언제라도 자신에게 달려 있습니다.

감사(感謝)를 선택하는 일은
건강과 행복을 선택하는 일입니다.
남들보다 잘 살아도 감사할 줄 모르는 이는
행복을 모르는 사람입니다.
행복은 그 행복을 감사하고 나눌 때
그 마음이 행복입니다.

"사랑합니다 항상 건강하고 행복하세요 감사합니다."

나와 아이들이 굶어죽게 생겼는데
'감사합니다.' 108번만 하고 온다면
밥 한솥 단지를 준다고 합니다.
그 사람은 아무리 미운 사람을 만나도
'감사합니다.'를 하고
지나가는 고양이 한 마리를 보아도 '감사합니다.'를
할 것입니다.
정말 정말 진심으로 '감사합니다' 할 것입니다.

하루에 108번이 아니라도
하루 한 번만이라도 '감사합니다.' 한다면
자기 마음속 발원이 무엇이라도 이루는데
도움이 분명 됩니다.

'감사합니다.'는 발원성취의 가장 큰 씨앗이고
발원을 담는 그릇이고 발원의 열매입니다.

신구의 삼업을 '감사합니다.' 도구 삼아 살아갑니다.
자신의 마음과 말과 행동으로 무엇이든지 짓고
무엇이든지 얻을 수 있습니다.

'감사합니다'하는 신구의 삼업으로 무엇이든지 만들고
무엇이든지 거둘 수 있습니다.
좋은 업은 좋은 일을
나쁜 업은 나쁜 일을 심고 거둡니다.

지금 상황이 안 좋다면 자신을 한번 점검해 봅니다.
이유야 어쨌든 남이야 어쨌든
내가 지금 무엇을 뿌리고 무엇을 거두고 있는지를
살펴봅니다.

감사할 일인지.....

감사(感謝)라는 말에는 반대말이 없습니다.
행복도 불행. 사랑도 증오. 좋음도 나쁨이 있어도
감사에는 반대되는 말이 없는 진실한 말입니다.
항상 감사한 마음을 품고 살면
내 인생의 모든 것이 진실(眞實)되게 됩니다.

내 인생이 진실인지 거짓인지,
부정적인지 긍정적인지 ....
생각은 좋게 쓰려고 해도
실제 마음은 그렇지 않을 때가 많습니다.

마음은 몸을 쓰는 주인입니다.
마음이 잘 되려는 생각과는 달리
몸은 어둡고 무겁고 탁할지도 모릅니다.

만약 그러하다면 나도 모르게
몸이 짓는 업이 그렇게 부정적인 마음의 업만을
짓고 있는지도 모릅니다.
병고운고(病苦運苦)의 고통(苦痛) 때문에
그럴지는 몰라도, 마음이 그렇다면
그러한 부정적인 씨앗만을 뿌리고 있음입니다.

먼저 사종염불법으로
'감사합니다'의 당체[창조생명]가 됩니다.
감사의 열매가 달릴 것을 믿고
매일 아침저녁 한번씩이라도
내 가족을 향하여 마음속으로
'염불한번' '감사합니다' 한 번이라도 해 봅니다.

그러면 우선 내 가족부터
나에게 감사한 사람으로 바뀌기 시작합니다.
안에서부터 감사의 물결이 밀려나오기 시작합니다.

운고(運苦)병고(病苦)의 고통이 건강행복으로 바뀌는
축복(祝福)받음이 '감사합니다.'의 씨앗뿌리기입니다.

알아도 잘 안 됩니다.
마음이 그렇게 하도록 잘 안 고쳐집니다.
모든 일은 '습관들이기'입니다.
그동안 오랫동안 습관들인 것들이……
지금 낸 생각보다 앞장서 나갑니다.

그러나 과거의 습관이 아무리 힘이 강해도
현재를 앞지르지 못합니다.

'세 살 버릇이 여든까지 간다(三歲之習 至于八十).'는
말처럼 한번 든 습관은 쉽게 고치기가 어렵다는
말입니다.
그 버릇을 고치려고 말고 새 버릇을 들이면 됩니다.

지금 만들어 낸
이 새 버릇이 과거 버릇을 앞서 나갑니다.

'사주팔자[운명(運命)]는 못 바꾼다.'고 합니다.
사주는 타고난 버릇 습관을 말합니다.
그러나 타고난 운명도 버릇, 습관만 바꾸면 변합니다.
세 살 버릇이 여든까지이니
어떤 운명도 "새 버릇 길들이기 삼년"만 하면
남은 인생은 바뀐 운명으로 평생 동안
얼마든지 살아갈 수 있습니다.

그러므로 살면서 조그만 일 정도는
잠시 자기 나쁜 버릇을 내려놓고
좋은 버릇을 길들여 좋은 업만을 지어가면
좋은 팔자, 좋은 행운을 만들어서
얼마든지 좋은 원을 이룰 수 있습니다.

좋은 버릇을 어떻게 들여야 할까요?
그래서 사종염불법(四種念佛法)이 필요합니다.

좋은 결과는 좋은 행위에서 나옵니다.
좋은 행위는 좋은 마음[감사(感謝)]에서 나옵니다.

좋은 마음은 좋은 사람
[선남자 선여인(善男子 善女人)]에게서 나옵니다.
좋은 사람
[선남자 선여인(善男子 善女人)]의 마음이
복 받는 마음입니다.

병고운고(病苦運苦)의 고통이 힘들다고
힘든마음[부정적인마음]만을 내지 말고
이 고통이 다 물러갔을 때의 감사한 마음[씨앗]을
잘.... 마음속에서 지켜나간다면
이 감사의 생명씨앗하나가 큰 생명을 이루게 됩니다.

씨앗하나는 별개 아닌 것 같아도
어떤 씨앗을 뿌리든 그 열매는 수북이 달립니다.

씨앗하나로 백 개의 열매를 얻는다면
이 열 개를 다시 심으면 만 개를 거두고
그렇게 세 번만 반복해도 1조 개를 거둡니다.

시일득만배(施一得萬倍)
하나를 베풀어도 만 배를 얻는다는 말입니다.

아침저녁 한 번씩만 감사하여도
마음에서는 수많은 발원성취 씨앗이 생겨납니다.
여지껏 병고운고(病苦運苦)의 밭이
건강과 행복이 자라날
건강과 행복의 마음텃밭으로 변하게 됩니다.

만능 발원성취의 지혜 씨앗인......
감사의 현실화가 무엇일까요?
'말도 해야 맛'이라는 말처럼.......
감사의 현실화는 감사하는 행위에 있습니다.

'감사합니다.'

마음을 표현하는 말이나 행동을
속에만 두지 말고
속 시원하게 한번 표현해 봅니다.

감사의 행위는 그동안 모아둔 감사의 씨앗을 뿌리고
거두는 실질적인 행위입니다.
행동이 없는 마음만으로는 병 속에 든 씨앗처럼 저절로
나에게 복(福)의 열매를 가져다주지 않습니다.

감사의 행위는 무엇일까요?
감사의 최종 결과적 행위가 무엇일까요?

오직 모든 이들에게 인연(因緣)따라
베풂[보시(布施); 사랑]입니다.
베풂(사랑)이 감사의 만능행위로
감사의 축복(발원성취)입니다.

베풂(사랑)은 나의 발원성취의 최종결과로 드러나는
감사실천, 사랑실천, 중선봉행(衆善奉行)입니다.

발원성취의 최상의 지혜는 중선봉행(衆善奉行)입니다.
중선봉행(衆善奉行)의 선법(善法)을 수(修; 닦음)함이
발원의 꽃을 피워내는 최고의 지혜입니다.

부처되기를 원하며 이 길을 가는 수행자들도
이 방법으로 부처가 됩니다.
「수(修) 일체선법(一切善法)
 즉득(卽得) 아뇩다라삼먁삼보리(阿耨多羅三藐三菩提)」

『일체선법을 닦으면
 곧바로 아뇩다라삼먁삼보리를 얻느니라.』
하였습니다.

일체선법 속에 부처님의 지혜가 항상 함께합니다.
일체베풂 속에 고통의 난제가 복락의 기쁨으로
바뀝니다.

콩을 심어야 콩을 수확합니다.

발원성취의 결과[씨앗]를 심어야
발원성취를 수확합니다.
부자마음을 심어야(살아야) 부자를 수확합니다.
건강마음을 심어야(살아야) 건강을 수확합니다.
나아가 깨달음을 심어야 깨달음을 수확합니다.
부처를 심어야 부처를 수확합니다.

간단한   인과법칙입니다.
간단한   창조법칙입니다.
인과법이 창조법입니다.

상구보리 하화중생이 둘이 아니고 하나입니다.
위로는 깨달음을 구하고
아래로는 중생을 제도한다는 뜻을 가지고 있습니다.
내가 깨달음을 구하는 것은 중생들을 잘살게 하기
위함입니다.
내가 배워 닦은 지혜를 중생들에게 나눠줌으로
나는 내가 닦은 지혜를 현실화 시킵니다.

깨달음의 지혜를 중생들에게 자비심으로 베풀 때
깨달음이 완성되어 나갑니다.

내가 돈을 벌어 부자가 돼야 내 가족들이 행복합니다.
버는 일이 베푸는 일보다 앞서서는 거꾸로 가는
일입니다.
내 가족들이 먼저 행복한 부자가 되도록 함이
내가 밖에서 돈 잘 버는 방법입니다.

부처와 중생이 하나이듯
나와 가족은 하나입니다.
하나이기 때문에 서로 달라하지 말고 서로 원하는 것을
줘야 서로 복(福)받는 삶이 됩니다.

가족간에는 해달라기 보다는 해주는 삶이 우선입니다.

내가 남에게 베풀어야
이 씨앗의 열매가 나에게로 옵니다.
내가 남에게 나의 발원성취의 씨앗을 심어야(베풀어야)
나의 발원성취(發願成就)의 열매를 맺어
그 과보(果報)를 누리게 됩니다.

나의 발원(發願)을 이룰 모든 것들이
다 나의 마음에
이미 준비[자가보장(自家寶藏)]되어 있습니다.
내 안에 있기에 내가 내 것을 원하는 것입니다.
이것을 꺼내는 방법이 또다른 나인 너에게 줌입니다.

모든 것을 이룰 발원재료와
이 재료로 발원을 만들어 낼 지혜와
이 발원을 드러낼 현실상황도
이미 다 준비되어 있습니다.
나에게 그것을 이루어낼 힘[생명(生明)]이 이미 있고
그것을 만들어 낼 마음[조심(造心)]도 이미
있음입니다.

이제는 발원성취의 씨앗[인(因)]을 뿌리고
잘 길러나가[연(緣)]
그 결과를 수확[과(果)]하면
원을 성취[보(報)]하게 됩니다.

십여시(十如是)

상성체(相性體);
모든 것의 본성 안에 다 갖추어져 있습니다.

력작(力作);
모든 것을 만들 수 있는 힘[지혜]이 있습니다.

인연과보(因緣果報);
모든 현상의 창조원리입니다.

본말구경등(本末究竟等);
모든 것이 다 이렇게 생멸작용합니다.

사랑합니다. 항상 부처님의 가호와 가피가
함께하시기를 기원드립니다. 감사합니다.

發 願 文

연꽃잎에 물방울이 머물지 않듯이
내마음에 삼독심이 머물지 않도록
청정하온 바라밀을 쉼없이 행하여
어느때나 보리심을 쉼없이 닦으리

시방삼세에 항상 계시는 불법승 삼보님께 귀의하옵니다.
대자대비하신 불보살 천룡팔부 신중님이시여!
불기 2568년 초파일을 맞아
"꿈속에 피는 연꽃" 법공양하옵고 발원드리는
불자가 있사오니 법보시 대중공양의 인연공덕으로
거룩하신 부처님의 가호와
크고 넓은 수승하신 지혜로 이 글을 수지독송하는
모든 이들이 심중소구소원을 이루고,
무명세계가 밝아지어
성불의 인연공덕 짓기를 발원 드리옵니다.

또한 법공양 올리신 인연불자님이
삼세일체 불보살님의 가호와 가피하신 묘력으로
원하는 바 뜻대로 이루시고 세속물정에서 하루빨리 벗어나
부처님의 품 안에서 부처님의 길을 가게 하옵시고
세세생생 이고득락 병고운고 즉시 소멸하옵고,
또한 이러한 공덕으로 상세선망부모 및 일체 인연영가 등이
모든 괴로움을 여의고 왕생극락하여 극락세계 아미타불
친견하옵고 상품상생하여 열반락을 증득하시옵기를
간절히 발원드리옵니다.

法供養 發願佛子 多蓮 尹茶煉

佛紀 二五六八年 四月初八日
海印覺場 · 三寶覺場

꿈속에 피는 연꽃

초판 1쇄 발행 2024년 5월 15일

지은이 석인보(釋印寶)
펴낸이 장현수
펴낸곳 메이킹북스
출판등록 제 2019-000010호

디자인 이정아
마케팅 김소형

주소 서울특별시 구로구 경인로 661, 핀포인트타워 912-914호
전화 02-2135-5086
팩스 02-2135-5087
이메일 making_books@naver.com
홈페이지 www.makingbooks.co.kr

ISBN 979-11-6791-547-4(03220)
값 16,800원

ⓒ 석인보 2024 Printed in Korea

잘못된 책은 구입하신 곳에서 바꾸어 드립니다.
이 책의 전부 또는 일부 내용을 재사용하려면 사전에 저작권자와 펴낸곳의 동의를 받아야 합니다.

홈페이지 바로가기

메이킹북스는 저자님의 소중한 투고 원고를 기다립니다.
출간에 대한 관심이 있으신 분은 making_books@naver.com로 보내 주세요.